名作の技から学ぶ

ゲームミュージック作曲テクニック

CONTENTS

STAGE 03
ゲームに不可欠な効果音（SE）を付けてみよう

BONUS STAGE
RPG組曲をレトロなサウンドで作ってみよう

COLUMN
5分でわかった気になるゲームミュージックの歩み

本書で使用しているサンプル曲データをダウンロードすることができます。
ご利用になりたい方は、以下の URL にアクセスしてください。

http://bit.do/StudioOne

●注意　ダウンロードしたデータに関する著作権は著者およびグラフィック社が所有しています。
許可なく配布したり、Web サイトに転載することはできません。
データの提供は予告なく終了することがあります。あらかじめご了承ください。

●免責事項　サンプル曲データに関しましては、著者および出版社はその内容に対して何らかの保証をするものではありません。
また、データを使用したことによって起こる不具合等につきまして、一切の責任を負いません。

古き良き時代から近年まで
名作ゲームの作曲テクニックを学ぼ

今どきのゲームミュージックは、ハードウェアの進歩も相まって一般の映画やドラマ、アニメのBGMと遜色のないクオリティでゲームを盛り上げてくれます。でも、黎明期のビデオゲームを知る世代なら、ハードの制約がキツかった時代に生み出された個性的なサウンドや楽曲にこそ「ゲームミュージック」を強く感じるのでは？

本書では、そんな古き良き時代から近年に至るまでのゲームミュージックのエッセンスを紐解きながら、曲作りのヒントとなるポイントや打ち込みテクニックを紹介しています。また、「ゲームミュージックっぽい曲作りを疑似体験してもらおう」をコンセプトに、当時の楽曲を知っている人ならニヤリとするようなサンプル曲を多数用意しました。曲を聴きながら解説を読み、更には演奏データを見たりいじったりすることで、何か１つでも音楽制作に役立つ発見があれば幸いです。

なお、本書は2016年に休刊となったコンピューターミュージック専門誌「DTMマガジン」にて2012年より毎年掲載されたゲームミュージック特集より、筆者が執筆した記事に加筆／修正を加えたものです。また、サンプル曲のデータは本書のために無料で使える音楽ソフト「Studio One Prime」へと移植しました。データの中身も再調整しましたので、当時の読者の方にも新たな気持ちで楽しんでいただけると思います。

最後に、出版の機会をくださったグラフィック社の坂本様、DTMマガジン時代も含め編集でお世話になったチタンヘッズ社の上林様、そして、この本を手にした皆様に感謝の意を表し、まえがきに代えさせていただきます。

2020.8　平沢栄司

本書を楽しむために必要なモノ

本書はパソコン用の音楽ソフトを使用します。そのため、音楽ソフトが動作を保証するスペックを持つパソコン（下表参考）と、サンプル曲データをダウンロードするためのインターネット環境をご用意ください。

Studio One Prime を使用するために必要なシステム環境

Mac
macOS® 10.13 以降（64 Bit 版）／ Intel® Core™ i3 プロセッサー以上

Windows
Windows 10（64 Bit 版）／ Intel Core i3 または AMD® A10 プロセッサー以上

Mac/Windows 共通
4GB RAM（8GB 以上推奨）／インターネット接続（インストールとアクティベーションに必要）
40 GB ハードドライブ・スペース／ 1366 x 768 解像度以上のディスプレイ（高 DPI 推奨）

INTRODUCTION 01

Studio One Primeをダウンロードしよう

Studio One Primeはパソコンで音楽を制作できるようにするソフトで、プロの音楽家も使用する「Professional」、安価に高機能を得られる「Artist」そして本書で使用する無料版の「Prime」があります（いずれもWin/Mac対応）。ここでは、本書で使用する「Prime」を入手する手順を紹介します。

「Studio One」公式Webページ
www.mi7.co.jp/products/presonus/studioone/
基本的な情報やマニュアル、レッスンファイル等のお役立ち情報から、同ソフトを使用しているアーティストのインタビューなど、「Studio One」についての情報が集約されている。

1 サイトにアクセス

Studio One Primeを入手するには、MI7のWebサイト「www.mi7.co.jp/products/presonus/studioone/prime/」へアクセスしましょう。ここでは、Studio One Primeに関する情報や入手の手順などが詳しく解説されています。

画面を下方向へとスクロールして「入手方法」という項目を見つけたら、「Step 1：アカウント作成」の「My.PreSonusへアクセス」をクリックします。

2 新規アカウントを作成

PreSonusのサイトのログイン・ページが開いたら、画面右上の「English」をクリックして開くダイアログで言語を「日本」に切り換えましょう。

「Create Account」をクリックして新規アカウントの作成ページへと進んでください。すでに、PreSonusのアカウントを持っている人は、登録したメールアドレスとパスワードを入力してログインして❹へと進みます。

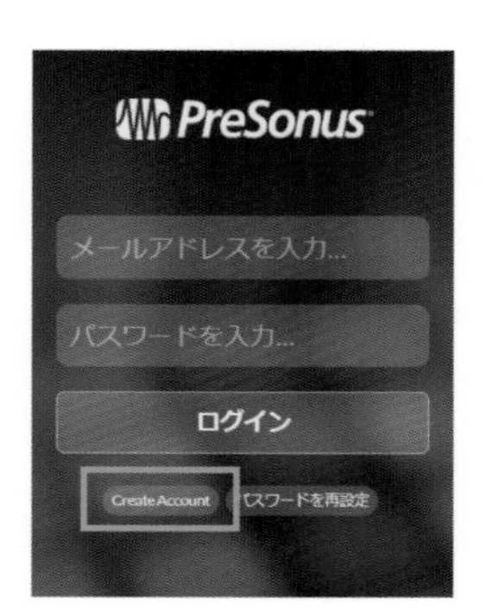

3 必要な情報を入力

Create Accountのページが開いたら、各項目に必要事項を入力しましょう。そして、「私はロボットではありません」左の四角をクリックして認証を行なったら、その下の「PreSonus使用条件」を読み、同意できる場合はチェックを入れて（同意しないと次へ進めません）「保存」ボタンをクリックします。

メールが届かないときは、❸で「保存」ボタンをクリックした後に表示された「ようこそ」のダイアログから「My.Presonusに移動」をクリックして「My.Presonus」のページを開き、「アクティベート方法を記載したメールを再送」をクリックしてみましょう。

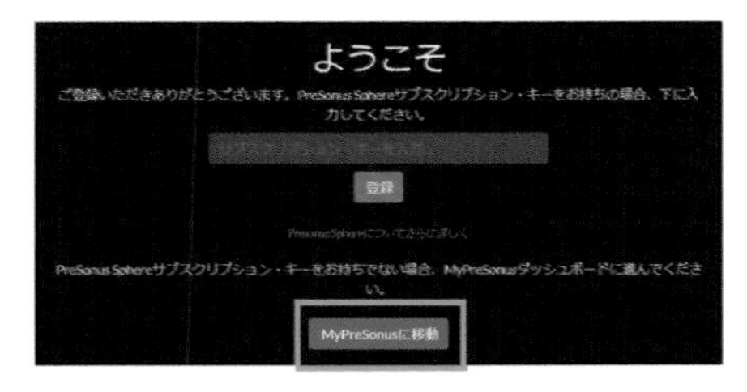

4 アカウントをアクティベート

登録したメールアドレスにPreSonusからメールが届くので、その中にある「アカウントをアクティベートするためにこちらをクリック」をクリックします。すると、PreSonusのサイトのページが開いてアクティベート完了のダイアログが表示されるので「OK」をクリックするとログインした状態で「My.Presonus」のページが開きます。

5 ソフトを0円で購入

❶のMI7のサイトに戻ったら、「Step 2：0円で購入」の「PreSonus Shopへアクセス」をクリックします。

Presonos Shop内のStudio One Primeの購入ページが開いたら、画面右上の「Add to Cart」をクリックします。すると、「In Your Cart」というダイアログが表示されるので、右下の「Proceed to Checkout」をクリックしましょう。

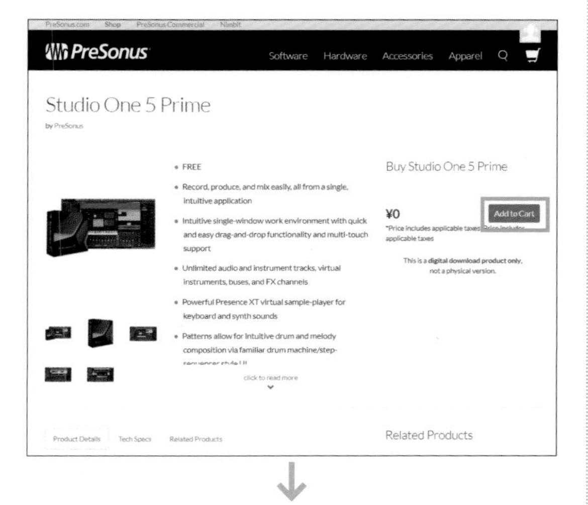

「My.Presonus」のページが開いて「ご購入いただきありがとうございました。」のダイアログが表示されたら、その中の「Studio One 5 Prime」の項目をクリックします。

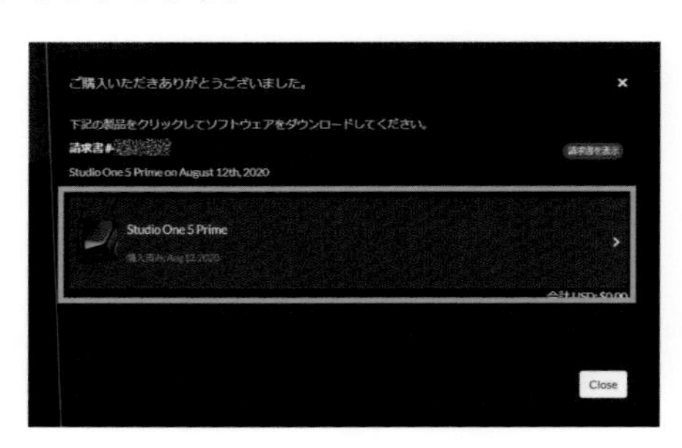

6 インストーラーをダウンロード

「My.Presonus」のページ内の「Myプロダクト」が表示されたら、その中の「インストーラーのダウンロード」をクリックします。使用しているコンピューターに応じて、Windows版、Mac版のいずれかのインストーラーがダウンロードされます。

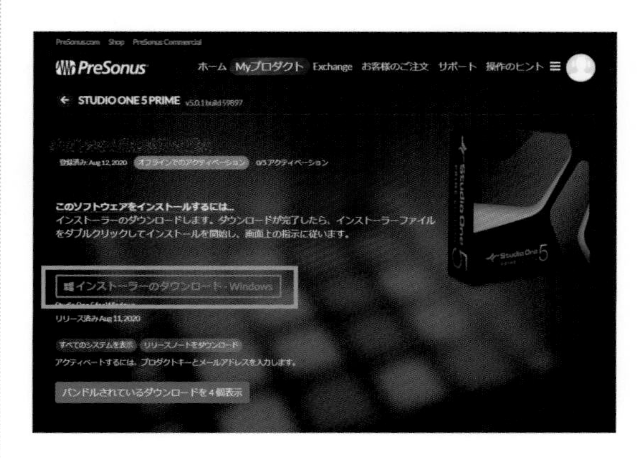

7 ソフトをインストール

ダウンロード先のフォルダを開いてインストーラーを起動すると、Studio Oneのインストールがスタートします。他のソフトウェアのインストール作業と同様に、画面の指示に応じて進めていきましょう。

INTRODUCTION 02

Studio One Primeの起動～初期設定をしよう

「Studio One Prime」を使えるようにする手順を紹介します。

1 Studio One Primeの初回起動とアクティベーション

デスクトップに作成された「Studio One 5」のアイコンをダブルクリックします。初めての起動のときのみ使用許諾のダイアログが開くので、内容を確認し、同意できるなら「同意する」をクリックして先に進みましょう。

PreSounusログインのダイアログが開いたら、登録したメールアドレスとパスワードを入力してログインします。すると自動的にアクティベーションが実行されるので、完了のダイアログが表示されたら「ＯＫ」をクリックします。

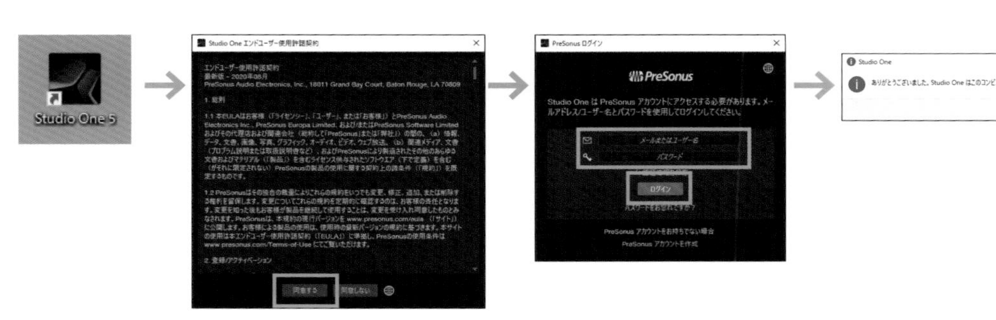

2 追加コンテンツのインストール

Studio Oneが起動する途中で、音色やループなどの追加コンテンツのインストール画面が開くので「インストール」をクリックしましょう。インターネットの環境によってはダウンロードには少々時間がかかりますが、その進行状況は表示されている「転送」の画面で確認できます。

ダウンロードの後、インストールが完了すると再起動を求めるダイアログが開くので、「はい」を選んでStudio Oneを再起動します。

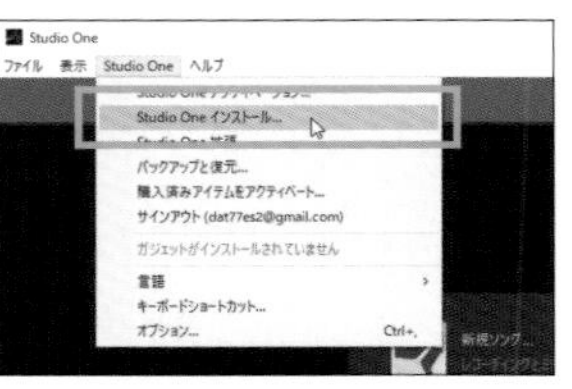

追加コンテンツを後からインストールする場合は、インターネットに接続した状態でメニューバーの「Studio One」から「Studio Oneインストール」を開いて、「インストール」をクリックすればOKだ。

3 オーディオデバイスの設定を確認（Windows）

メディアプレイヤーで音楽を聴いたりブラウザでネット動画を見ているときに音が鳴っているパソコンならば、特に設定を変更することなくStudio Oneでも問題なくサウンドが再生されるでしょう。

念のため、Studio Oneが再起動したら画面下部のオーディオデバイスの設定を確認しておきます。下部のエリアには現在選択されているオーディオデバイス名が表示されており、例えば、Windowsパソコンで標準装備のオーディオデバイスを使用している場合は「Windows Audio」と表示されています。

もしも「オーディオデバイスなし」となっていた場合は、メニューバーの「Studio One」から「オプション」の画面を開き、「オーディオ設定」のアイコンをクリックして開く画面でオーディオデバイスのメニューを確認してみましょう。ここに「Windows Audio」などのデバイス名があれば選択しましょう。

Studio One を立ち上げると、通常は設定を変更することなく「Windows Audio」が選択されている。右図の状態であれば、準備は完了だ。

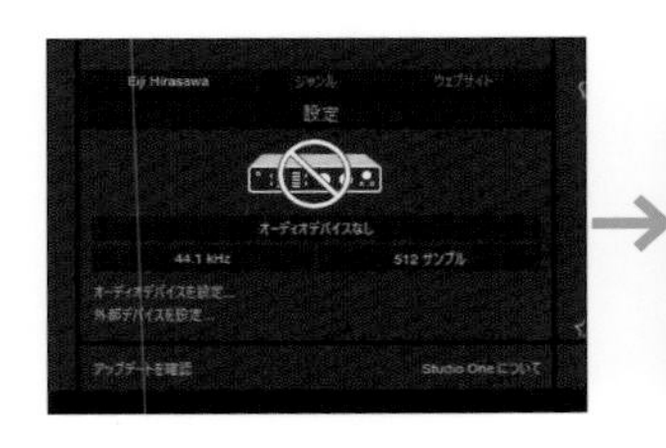

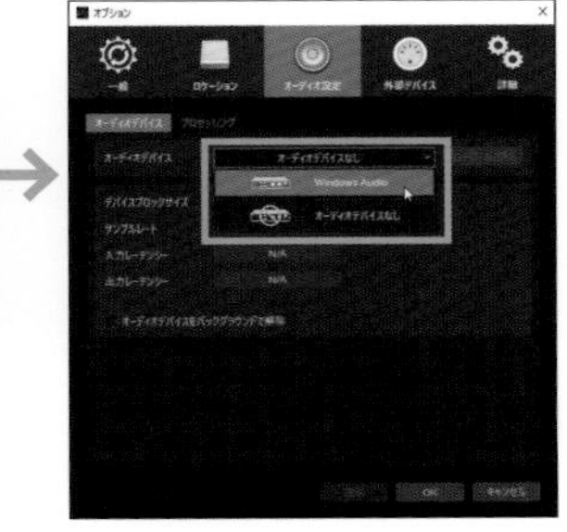

もし「オーディオデバイスなし」になっていた場合は、メニューバーの「Studio One」からオーディオデバイスを変更しよう。

※Studio Oneからオーディオデバイスが見えない（「オーディオデバイスなし」以外の選択肢がない）場合、パソコンのオーディオ機能に不具合がある可能性が高い。まずは、Windows側で正常にサウンドが再生できるかを確認し、音が出ないようならパソコンを修理に出すなどしよう。

パソコン内蔵のオーディオ入出力以外を使用している場合（Windows）

音楽制作用のオーディオインターフェース（ASIO対応）を使用している場合は、「オプション」の「オーディオ設定」のオーディオデバイスのメニューに「Windows Audio」と並んで表示されているので、切り換えれば高品位なサウンドで再生できます。

パソコン内蔵の出力端子ではなく、汎用のUSBオーディオインターフェースやゲーム用サウンドカードなどを使用している場合は、先ほどのオーディオデバイスメニュー横の「コントロールパネル」ボタンで開く画面で「再生デバイス」のリストに表示されていればチェックを入れることで出力先として選択できます。

表示がない場合は、画面下の「オーディオデバイスを管理」からWindowsの「サウンド」画面を開き、再生タブのリストにある出力デバイスの中から使用したいものを「既定のデバイス」に設定しましょう。

TUTORIAL

Studio One Primeを操作してみよう

ここでは「Studio One Prime」の基本的な機能紹介と使い方を解説します。音楽ソフトを初めて体験する人はここで基本操作を学びましょう。

TUTORIAL 01

本書サンプル曲を開きながら操作を覚えよう

まず最初に、本書のサンプル曲（003ページに掲載）の中から、「StudioOne_project＞STAGE01＞LoveSim.song」をダブルクリックしましょう。すると曲データが読み込まれた状態で「Studio One Prime」が起動します（先に起動して、ファイルメニューなどから読み込むことも可能）。まずは、サンプル曲を鳴らしながら、Studio One Primeの各部の名称と機能、基本的な操作方法を確認しましょう。

●各部の名称と機能

A メニューバー

ファイルの管理や編集機能、各部の操作や設定などのメニューを開きます。

B アレンジビュー

各パートの演奏データを入力する「トラック」を管理するための画面です。

1 ルーラー▶トラック上の小節や拍の位置を表示
2 インストゥルメントトラック▶各パートごとに用意される内蔵音源を演奏するためのトラック
3 イベント▶トラックに演奏データを入力し管理するための箱
4 ツールバー▶トラックを編集するためのツールの選択や各種設定を行なうためのバー
5 トラックの高さ▶縦軸方向のトラックの高さを調整する
6 時間ズーム▶横軸方向の表示範囲を変更する
7 インスペクタ▶選択しているトラックのパラメーターを表示／設定する画面。左上の「ｉ」ボタンで開閉する

C 編集ビュー

画面下段はデータの入力や各パートのミキシングを行なう編集ビューのエリアで、
画面右下のボタンで開閉や切り替えを行ないます。
また、アレンジビューとの境界を上下にドラッグすると、表示エリアのサイズを可変できます。

8 編集ボタン▶演奏データを打ち込む音楽エディタ（ピアノロール）を開閉する
9 ミックスボタン▶各パートのミックスを行なうコンソールを開閉する

D コンソール

各パートの音量バランスや定位の調整、プラグインエフェクトの設定を行なうミキサー画面です。

10 フェーダー▶音量を調整するスライダー
11 M／Sボタン▶ミュート／ソロを切り換えるボタン
12 パンポット▶音の定位を調整するスライダー
13 インサート／センド▶各トラックごとのエフェクトの設定や調整を行なう

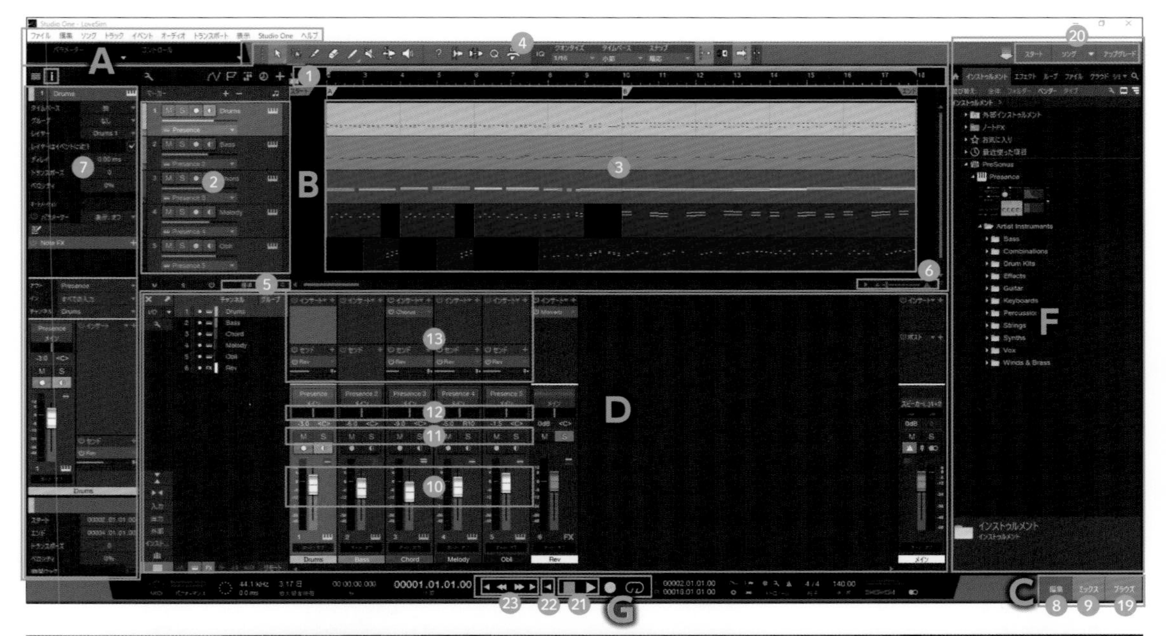

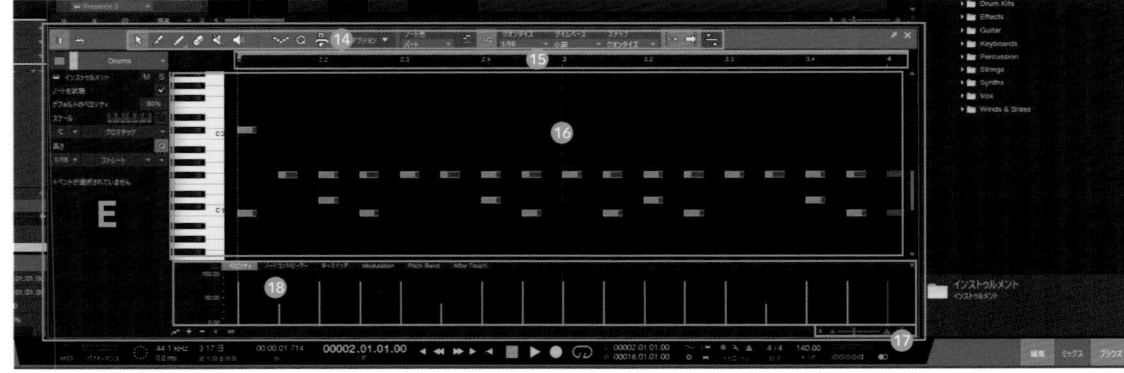

E 音楽エディタ

各パートの演奏データを入力するピアノロール画面です。

⑭ ツールバー▶ノートを編集するためのツールの選択や各種設定を行なうためのバー
⑮ ルーラー▶ピアノロール上の小節や拍の位置を表示
⑯ ピアノロール▶ノート情報を入力／編集するエリア。左側の鍵盤部分をクリックすると音源を鳴らすことができる
⑰ 時間ズーム／データズーム▶ピアノロールの横軸（時間）方向と縦軸（音程）方向のズームを調整する
⑱ オートメーション▶演奏表現に関する情報を入力／編集するエリア。主にノートの強弱を設定するベロシティの調整で利用する。ピアノロールとの境界を上下にドラッグすると各エリアのサイズを変更できる

F ブラウザ

音源やエフェクト、ループ波形など曲を作るための素材を管理するための画面です。

⑲ ブラウズボタン▶ブラウザーを開閉する
⑳ タブ▶インストゥルメント（内蔵ソフト音源）やエフェクト（内蔵プラグイン）を選択する画面を切り替える

G トランスポート

曲の再生や停止、早送り／巻戻しなどの操作を行なうボタンが並びます。

㉑ 再生／停止▶曲を再生／停止するボタン
㉒ ゼロに戻る▶曲の先頭（1小節目の1拍目）へ戻る
㉓ 巻戻す／早送り▶再生位置を前後に移動する

●再生／停止、曲の頭出しの操作

曲の再生と停止、頭出しの操作は、画面下部の「トランスポート」のボタンをマウスでクリックすることで行ないます。また、各ボタンに対応したキーボード・ショートカットを利用すれば素早く操作できるのでお勧めです。まず、再生／停止には「スペース」キーを利用してみましょう。他にも、テンキーの「Enter」キーが再生ボタン、「0（ゼロ）」キーが停止ボタン、「.（ドット）」キーが曲の頭出しのショートカットになっているので、テンキーだけでも一通りの操作が可能です。

●曲の途中から再生するには？

曲の途中から再生したいときは、画面上段の「アレンジビュー」か下段の「編集ビュー」に開く「音楽エディタ（ピアノロール）」の上部にある「ルーラー」をクリックして、再生位置を示す「ロケーションポイント（縦のライン）」を移動してから再生の操作をします。また、再生中にルーラーをクリックすると、瞬時にその場所へとロケーションポイントが移動してその位置から再生されます。

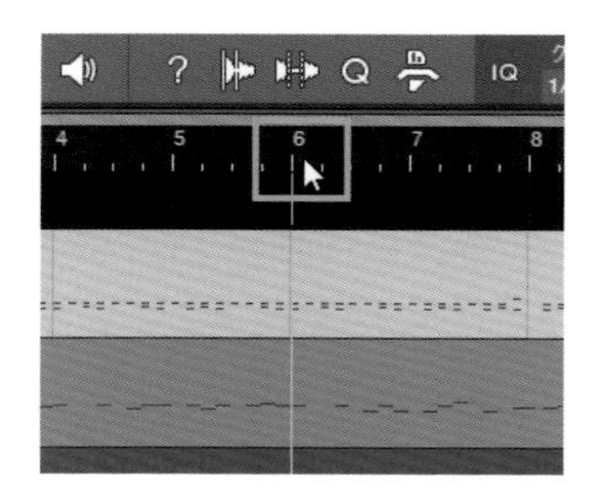

●任意のトラックだけを聴くには？

「アレンジビュー」や「コンソール」の画面にある「S（ソロ）」と「M（ミュート）」（消音）のボタンを利用すると、選択したパートだけを鳴らす、または鳴らさないよう設定できます。気になるパートをソロにしたり邪魔なパートをミュートすることで、アンサンブルの状態では判りにくかった各パートごとの演奏を聴くことが可能となります。

●曲のテンポを変更するには？

例えば、気になるところをゆっくりとしたテンポでじっくり聴きたいときや、もうちょっと速いテンポの方が好みといったときにはテンポを変更してみましょう。下段の「トランスポート」の右にある「テンポ」の数値をダブルクリックして、数値で直接入力するか、クリックした後にマウスのホイールを回すことでテンポが可変できます。

●各パートの音量バランスや定位を変更するには？

右下の「ミックス」ボタンをクリックすると、画面下段の編集ビューが「コンソール」に切り替わります。この「コンソール」の画面は音楽用ミキサー（音量やエフェクトなどを調整するハードウェアコンソール）を模したもので、パートごとに用意されているフェーダー（縦型のスライダー）を上下にドラックすると、各パートの音量を個別に調整することができます。その際、フェーダー横のメーターが赤く点灯するところまで振りきらないように注意してください（点灯した場合、音割れなどが起こります）。

そして、その上にあるパンポット（横型のスライダー）を左右にドラッグすると、その方向に音の定位（位置）が移動します。各パートを左右に振り分けることでステレオ感のコントロールが可能です。

●曲全体の音量レベルの確認と調整

各パートのフェーダーを上下させて音量バランスを変更すると曲全体の音量が上り過ぎて音が歪むことがあります。各パートの音は「コンソール」の一番右側にある「メイン」に集まっているので、メインのメーターが振りきっていないか、その上のピークレベル表示が赤く点灯しないか注意しながらフェーダーを操作しましょう。なお、「メイン」のフェーダーで曲全体の音量を一括で変更することも可能ですが、通常は初期値（0dB）のままとし、各パートのフェーダーの方で調整します。

●各パートの演奏データを見てみよう

サンプル曲は、楽譜に相当するデータを打ち込んでリアルタイムで内蔵音源を演奏しています。そのため、音を聴くだけではなくパートごとのデータ（演奏している音符）を見ることも可能です。画面右下の「編集」ボタンをクリックして画面下部の編集ビューを「音楽エディタ（ピアノロール）」に切り替えたら、アレンジビューのヘッダ部分をクリックして見たいパートを選択しましょう。エディタ画面（ピアノロール）は楽譜（音符）をグラフィカルに表示したもので、縦軸方向が音高、横軸方向が小節や拍を表していて、その交点に入力されている棒状のデータ（ノート）が音符に相当します。

●演奏データをエディットしてみよう

入力されているノートの修正や新しいノートの追加も可能です。まず、エディタ画面のツールバーで矢印ツールがONになっていることを確認しましょう。そして、ノートの上でマウスのボタンを押しながら上下左右にドラッグするとその場所へノートが移動し、縦軸方向ならば音程が、左右方向ならば発音タイミングが変化します。ノートの先端や終端を左右にドラッグするとノートの長さが変わります。また、ピアノロール上でダブルクリックすれば新規のノートが入力でき、ノートをダブルクリックすると削除されます。

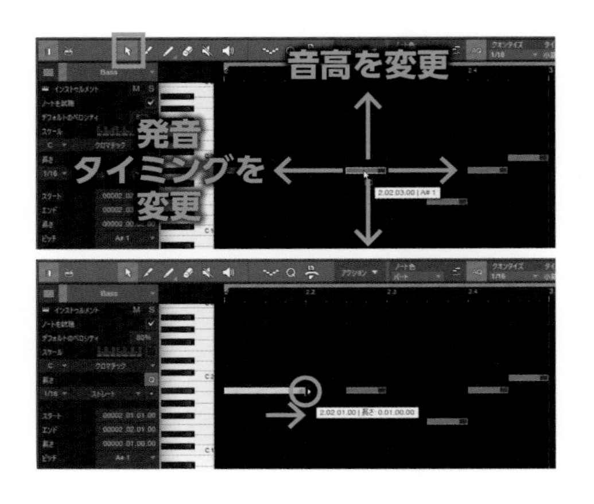

TUTORIAL 02

音の入力&編集に挑戦してみよう

ここからは、新規ソングの作り方から音符を入力するまでの手順、入力後の編集の方法を紹介します。もちろん、デモソングを開いて、自分なりに中身を作り変えていくことも可能です。

STEP 01 「新規ソング」から「空のソング」を作る

ファイルメニューから「新規ソング」をクリックすると、新しいソングを作るための画面が開きます。左側のスタイルで「空のソング」が選択されていることを確認し、「ソングタイトル」にファイル名を入力したらOKボタンをクリックしましょう。

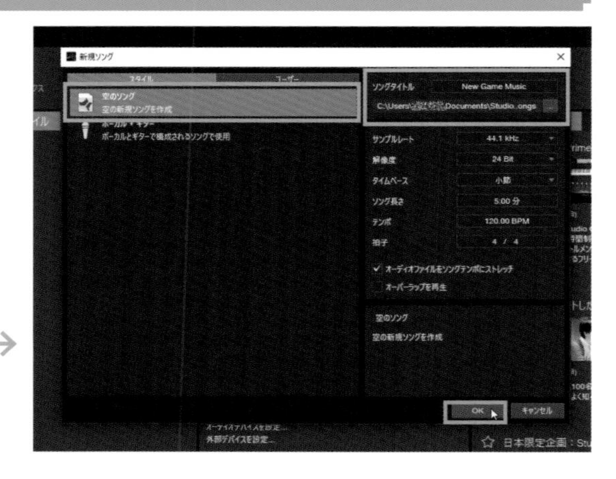

STEP 02 「音源」と入力用の「インストゥルメント・トラック」を用意する

ブラウザ画面で「インストゥルメント」のタブを選択したら、表示されたツリー表示から「PreSouns」→「Presence」→「Artist Instruments」と開いていくと、楽器ごとに分類された音色を収録するフォルダが表示されます。例えば、ベースのパートを作成するならば、「Bass」のフォルダの中から演奏したい音色名を選んでアレンジビューへとドラッグ&ドロップします。すると、選んだ音色を読み込んだ音源「PresenceXT」が起動すると同時に、演奏用の「インストゥルメント・トラック」が自動的に作成されます。他のパートを追加したいときも同様に、選んだ音色をドラッグ&ドロップすればOKです。

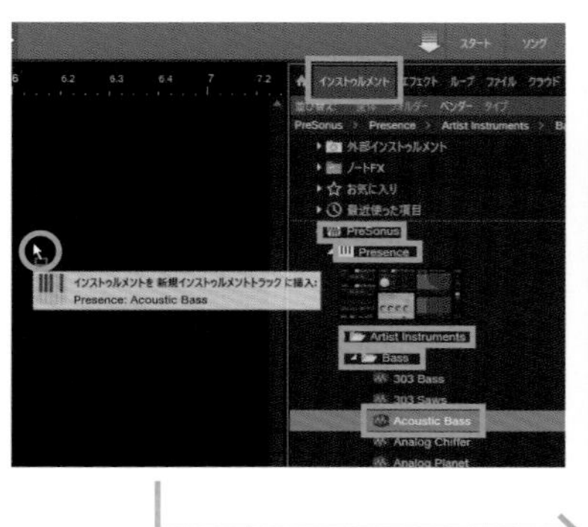

STEP 03 音色の確認と差し替え、音源の画面を開閉するには？

音色を聴いてみて問題なければ、トラックのヘッダにある「インストゥルメントエディター」ボタンをクリックしてPresenceXTの画面をOFFにしておきましょう。なおもう一度クリックすれば再度PresenceXTの画面が開きます。

もしも選んだ音色がイメージと違っていたならば、別の音色を選びトラックへ重なるようにドラッグ＆ドロップすると差し替えられます。

STEP 04 「イベント」を作成して「音楽エディタ」を開く

インストゥルメント・トラック上の任意の小節をダブルクリックすると、データ入力用の空イベントが作成されます。次に、入力したい小節数に合わせてイベントの終端をドラッグして長さを調整した後、イベントの下半分にマウス・カーソルを合わせて矢印の形になった状態でダブルクリックすると下段の編集ビューに音楽エディタが開きます。

もし、意図した小節とは違う場所にイベントを作ってしまったら、矢印カーソルの状態（上半分に合わせた時は十字カーソル）で左右にドラッグすれば移動できます。また、余計なイベントは選択した状態でDELキーで削除できます。

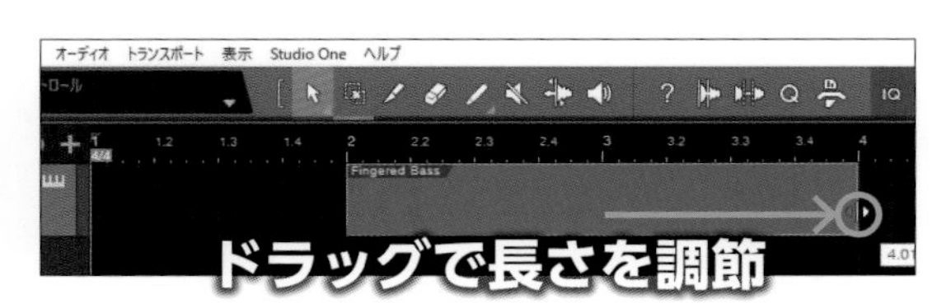

STEP 05 ノートを入力する前の下準備

ノートの入力をスムーズに行えるよう、音楽エディタのツールバーで以下の項目を確認＆設定しましょう。

❶「矢印ツール」ボタンがONになっている
❷「スナップ」メニューで「クォンタイズ」と「グリッドにスナップ」にチェックが入っている
❸「スナップを切り換え」ボタンがONになっている
❹「クォンタイズ」メニューでノートの最小の長さを指定（1/16＝16分音符）

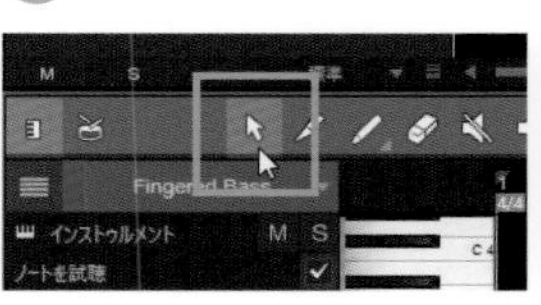

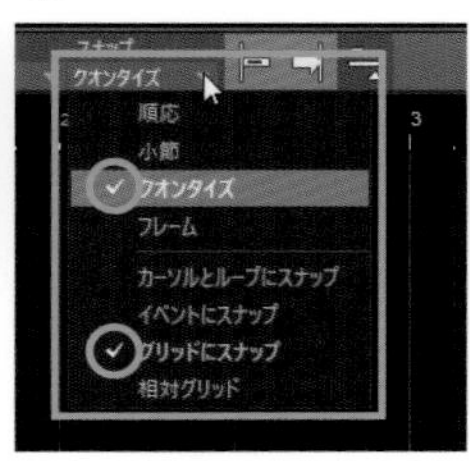

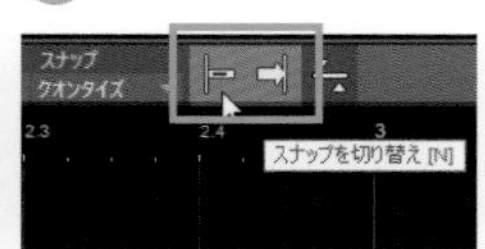

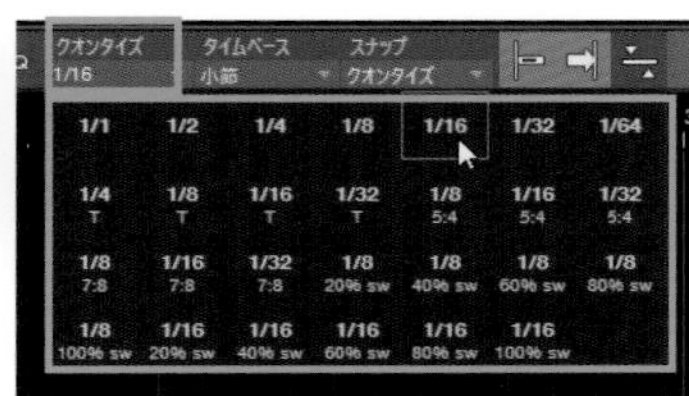

STEP 06 ノートの入力方法と編集

ピアノロールの鍵盤部分をクリックして音程を確認したら、音を鳴らし始めるところのマスをダブルクリックします。そのままボタンを離さずに右方向へドラッグして音を止める終点までノートを伸ばすか、先に1マス分（16分の長さ）のノートを入力した後、終端をドラッグして長さを調整しましょう。

ノートの強弱は下段のベロシティ表示のバーの上で上下にドラッグすると調整できます。入力時は80%に設定されていて、バーを0%方向（下）に小さくすると強く、逆に100%方向（上）に大きくすると強く発音します。

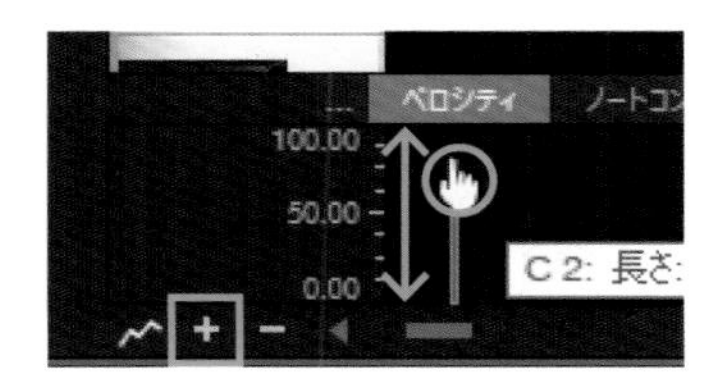

移動やコピー、削除などの編集はノート単位で行なうだけでなく複数のノートを一括して処理することも可能です。ノートを囲むようにドラッグするか、SHIFTキーを押しながら任意のノートをクリックして選択した後、いずれかのノートにマウスカーソルを合わせてドラッグすれば移動、altキーを押しながらドラッグすればコピー、そして、DELキーを押せば削除となります。

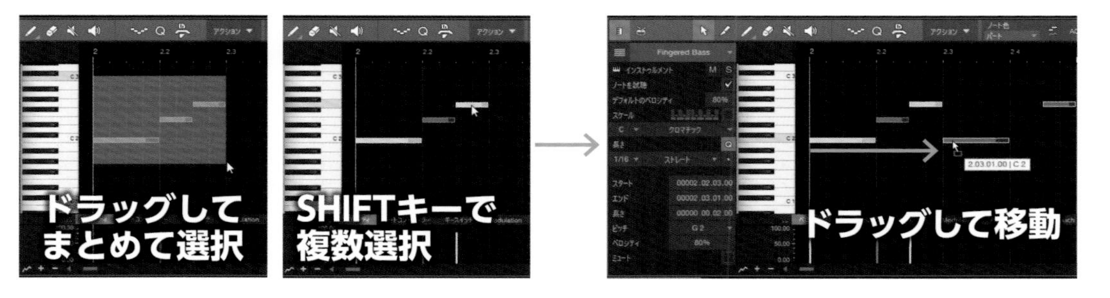

altキーを押しながらノートを選択すると、カーソルの下に「+」マークが付く。この状態でノートをドラッグすると、ノートをコピーできる。

STEP 07 フレーズ単位の繰り返しや削除はイベントを編集する

同じフレーズを繰り返したり複数の小節を一気に削除したりする場合は、アレンジビューでイベントを編集した方が効率良く作業できます。

矢印カーソルの状態でイベントをドラッグする際にaltキーを押していると、移動ではなくコピーになります。また、SHIFTキーを押しながらイベントをクリックしていくと、選択された複数のイベントを一括して移動、コピー、削除できます。

また、イベントの一部を編集したいときは、ツールバーから「分割ツール」を選択します。分割したいところをクリックすると、その位置でイベントが分割されます。

逆に、複数のイベントを選択した状態でメニューバーの「イベント」から「イベントを結合」を実行すると、それらを1つのイベントにまとめることができます。

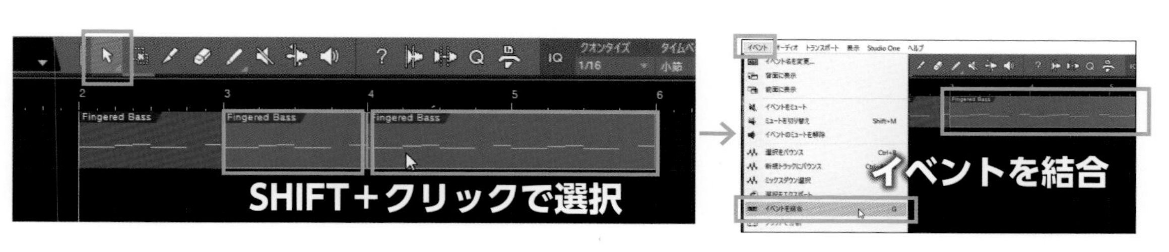

STEP 08 さらなる詳しい操作はマニュアルを参照しよう

ここまでで、音色を選んでトラックを作り、そのトラックに音を入力する一連の流れを紹介しました。基本はこれの繰り返しで音楽をカタチにしていくことができます。しかし、Studio One Primeには様々な機能があります。さらなる豊富な機能の使い方はマニュアルの参照をお勧めします。

日本語版のマニュアルは、日本の輸入代理店エムアイセブンジャパンのアカウントを作ることでダウンロードできるようになります（Studio One PrimeのWebページの「マニュアル入手可能」の項目を参照してください）。なお、2020年8月時点ではまだ前バージョンのマニュアルしかありませんが、機能の大部分は同じですので、こちらをダウンロードして、わからないことは調べてみましょう。

次ページからはデモソングを使った実践編に突入！

ゲームミュージック 作曲テクニック

STAGE 01

ページの見方

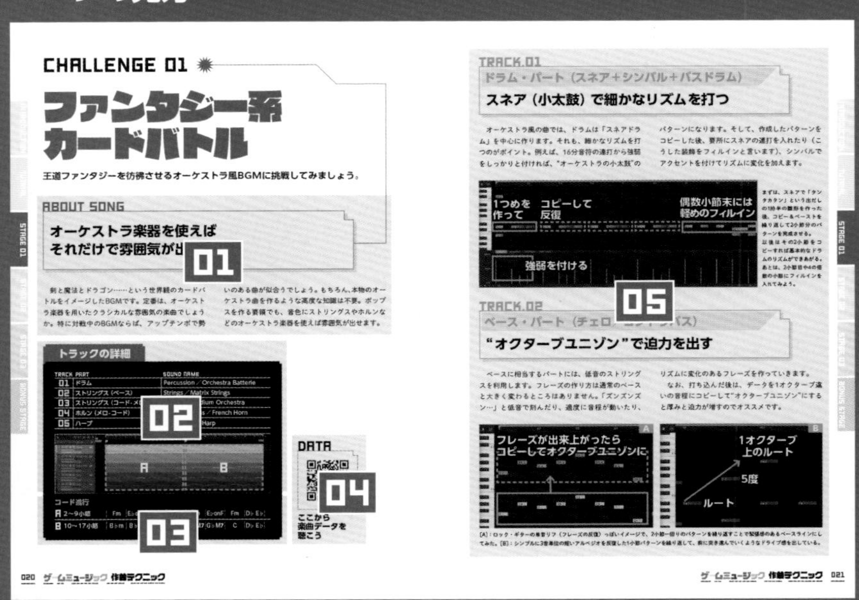

01 サンプル曲の概要

02 サンプル曲のトラック構成／音色名

03 サンプル曲のコード進行表

04 サンプル曲をオーディオで聴けるQRコード

05 トラックごとの打ち込みテクニック解説

※解説画面は、制作時に使用したStudio One Primeです。最新バージョンでは画面が変更される可能性があります。あらかじめご了承ください。

ゲームミュージックを打ち込んでみよう

STAGE 01

いよいよ実践編です
まずはファイルを開いて、どんなパートがあって
どんなフレーズが打ち込まれているのかを
音と画面で確認しながらテキストを読み進めてください

楽曲のポイントとなるフレーズの作り方と
打ち込みのやり方について書いてあります
ぜひ打ち込みを体験してみましょう

CHALLENGE 01

ファンタジー系カードバトル

王道ファンタジーを彷彿させるオーケストラ風BGMに挑戦してみましょう。

ABOUT SONG

オーケストラ楽器を使えばそれだけで雰囲気が出る！

剣と魔法とドラゴン……という世界観のカードバトルをイメージしたBGMです。定番は、オーケストラ楽器を用いたクラシカルな雰囲気の楽曲でしょうか。特に対戦中のBGMならば、アップテンポで勢いのある曲が似合うでしょう。もちろん、本物のオーケストラ曲を作るような高度な知識は不要。ポップスを作る要領でも、音色にストリングスやホルンなどのオーケストラ楽器を使えば雰囲気が出せます。

トラックの詳細

TRACK	PART	SOUND NAME
01	ドラム	Percussion／Orchestra Batterie
02	ストリングス（ベース）	Strings／Matrix Strings
03	ストリングス（コード-メロ）	Strings／Medium Orchestra
04	ホルン（メロ-コード）	Winds & Brass／French Horn
05	ハープ	Percussion／Harp

コード進行

A 2〜9小節	Fm	E♭onF	Fm	D♭ E♭	Fm	E♭onF	Fm	D♭ E♭
B 10〜17小節	B♭m	B♭m	A♭M7	A♭M7	G♭M7	G♭M7	C	D♭ E♭

DATA

ここから楽曲データを聴こう

TRACK.01

ドラム・パート（スネア＋シンバル＋バスドラム）

スネア（小太鼓）で細かなリズムを打つ

オーケストラ風の曲では、ドラムは「スネアドラム」を中心に作ります。それも、細かなリズムを打つのがポイント。例えば、16分音符の連打から強弱をしっかりと付ければ、“オーケストラの小太鼓”のパターンになります。そして、作成したパターンをコピーした後、要所にスネアの連打を入れたり（こうした装飾をフィルインと言います）、シンバルでアクセントを付けてリズムに変化を加えます。

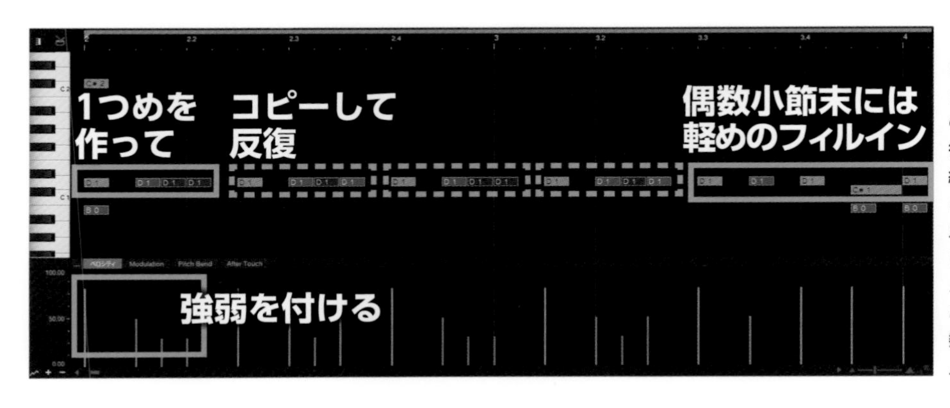

まずは、スネアで「タンタカタン」という出だしの1拍半の雛形を作った後、コピー＆ペーストを繰り返して2小節分のパターンを完成させる。以後はその2小節をコピーすれば基本的なドラムのリズムができあがる。あとは、2小節目や4の倍数の小節にフィルインを入れてみよう。

TRACK.02

ベース・パート（チェロ／コントラバス）

“オクターブユニゾン”で迫力を出す

ベースに相当するパートには、低音のストリングスを利用します。フレーズの作り方は通常のベースと大きく変わるところはありません。「ズンズンズン…」と低音で刻んだり、適度に音程が動いたり、リズムに変化のあるフレーズを作っていきます。

なお、打ち込んだ後は、データを1オクターブ違いの音程にコピーして“オクターブユニゾン”にすると厚みと迫力が増すのでオススメです。

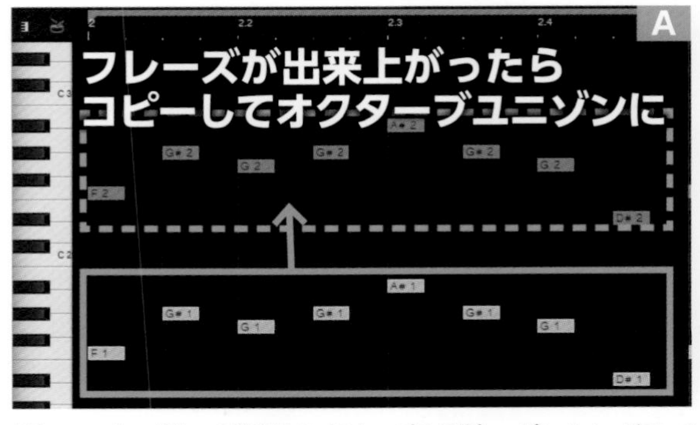

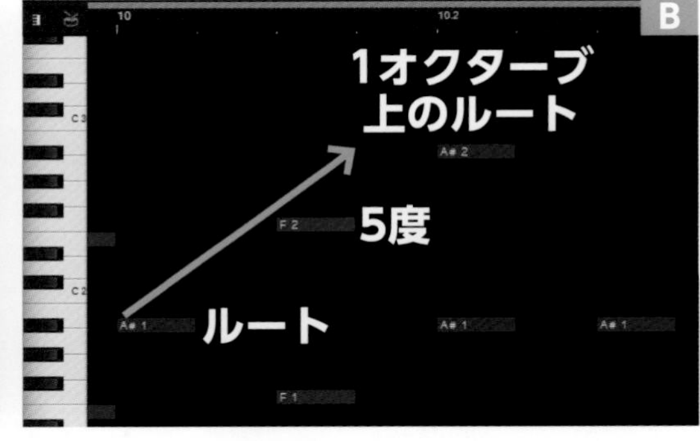

[A]：ロック・ギターの単音リフ（フレーズの反復）っぽいイメージで、2小節一回りのパターンを繰り返すことで緊張感のあるベースラインにしてみた。[B]：シンプルに3音単位の短いアルペジオを反復した1小節パターンを繰り返して、前に突き進んでいくようなドライブ感を出している。

TRACK.03

コード・パート（[A] ストリングス／ [B] ホルン）

ポップス感覚でオーケストラ楽器を打ち込む

ギターやキーボードのパートを、ストリングスやホルンで演奏するイメージで作っていきます。例えば、ストリングスの音色で歪んだロック・ギターのように8分音符のリズムでザクザクと刻んだり、ホルンのパートでピアノやシンセのようなコードを鳴らすのです。また、ストリングス→ホルンと途中で音色を変えたり、刻むストリングス＋白玉（長い音符）ホルンのような重ね方も効果的です。

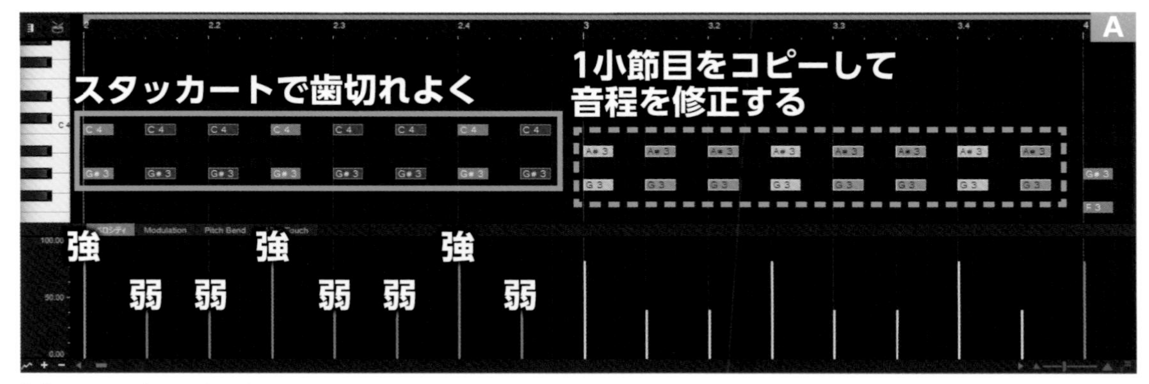

［A］のストリングスの和音は、歯切れのいい演奏となるようにスタッカートで打ち込みつつ、ドラムに合わせて強弱を付けるとノリのいい演奏になる。細かいリズムの和音パートは打ち込みの作業量が多くなるが、1小節目をキチンと作ってから以後の小節にコピーして音程を修正すれば効率がいい。

TRACK.04

メロディ・パート（[A] ホルン／ [B] ストリングス）

コードの構成音を滑らかに上下させる

ストリングスとホルンのパートのうち、コードを演奏していないほうでメロディを演奏します。

戦闘中に流れるBGMなら、各小節のコードの中から選んだ音を滑らかに繋いで緩やかに上昇or下降するようなフレーズを入れるだけでも十分です。

もう少しリズムを細かくして動きを付けるならば、コードの音をアルペジオ（分散和音。コードの音を一斉に鳴らすのではなく、順番に弾く奏法）のように演奏したり、その間を繋ぐ音を足していくといいでしょう。

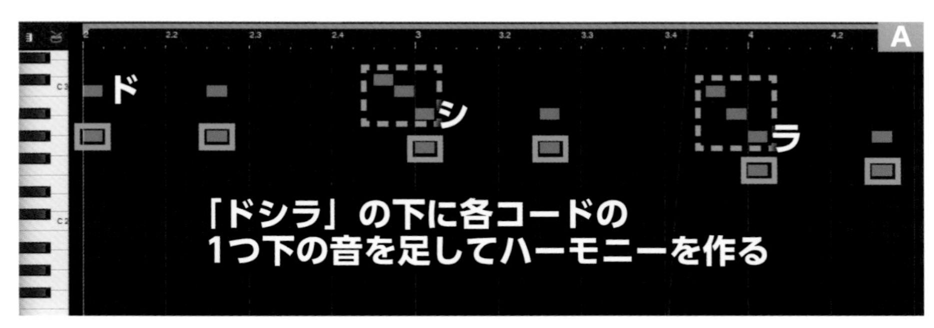

［A］のホルンのメロディは各小節のコードの構成音から選んで繋いだ「ド-シ-ラ」と下降する動きに残りのコードの音でハモリを加え、歯切れのいいリズムに。コードの変わり目に次のコードへと繋がる音を入れると、滑らかになってメロディっぽさが更に強調される。

TRACK.05

コード・パート（ハープ [A] 下降／ [B] アルペジオ）

ハープのアルペジオを入れる

装飾のパートは、フルートの音色でメロディに合いの手を入れたり、ハープの音色でアルペジオを加えるといいですね。

特に、後者は、「ゲームのBGMっぽさ」が強調されるのでお勧めです。もちろん、正確にハープの弾き方を再現しなくても大丈夫。

キーボードやギターのアルペジオを参考にしながら、上下に幅広い音域にコードの音を展開すれば、十分ハープっぽくなります。

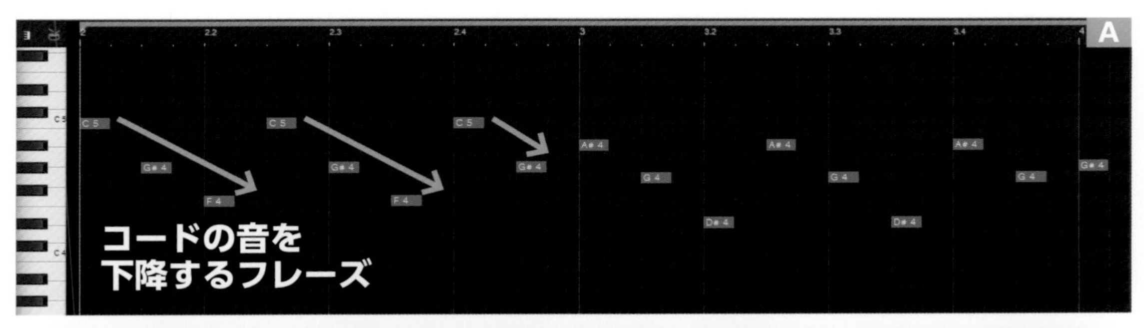

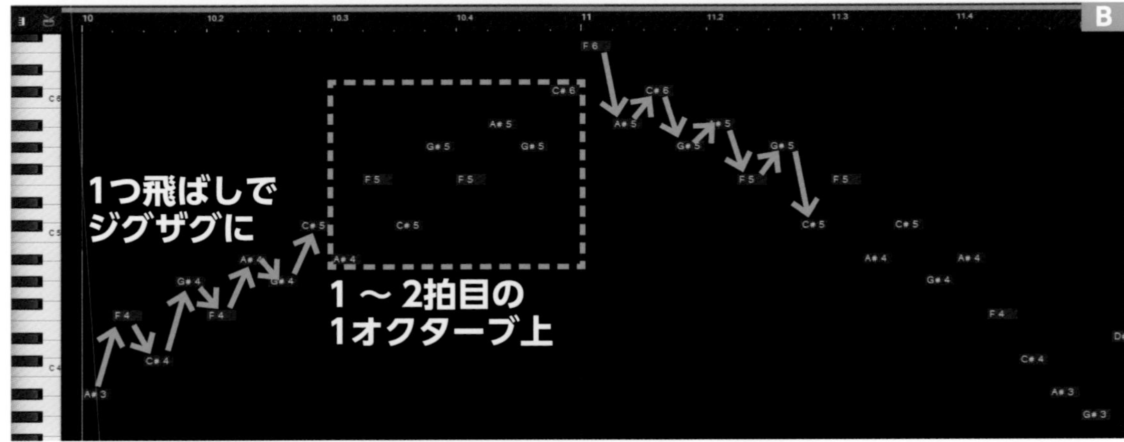

［A］は8分音符でコードの音を演奏するシンプルなアルペジオ。
対して［B］からは16分刻みのリズムで広い範囲を動く派手なアルペジオにして変化を付けた。
単純に上昇／下降するのではなく、コードの音を1つ飛ばしでジグザグに繋いで動いたりすると効果的だ。

CHALLENGE 02

恋愛シミュレーション風日常シーン

日常的なシーンに合う、明るくポップなBGMに挑戦してみましょう。

ABOUT SONG

日常を爽やかに彩るミディアム・テンポの曲

恋愛シミュレーションやアドベンチャーゲームなどの日常的なシーンにマッチする爽やかなBGMです。曲作りの方向は、ミディアム・テンポで明るくポップな、いわゆるアイドル歌謡を意識して作ります。

パートの編成は、オーソドックスなリズム隊の上にキラキラしたシンセのパートを加えるのが王道です。華やかなベルやエレピなどの音色を中心に、やわらかなシンセの音色で厚みを加えていきます。

トラックの詳細

TRACK	PART	SOUND NAME
01	ドラム	Drum Kits／Standard
02	エレキベース	Bass／Fat Finger
03	パッド+ピアノ	Keyboard／Icy Piano
04	キラキラ・シンセ	Synth／Spectrum Pad
05	ピチカート	Strings／Pizzicato Strings

コード進行

A	2～9小節	B♭	Cm7	B♭onD	E♭	Dm7	G7(♭9)	Cm7 B♭onD CmonE♭ C7onE	Fsus4 F
B	10～17小節	E♭M7	FonE♭	Dm7	G7 (♭9)	Cm7	B♭onD	E♭	D7sus4 D7

DATA

ここから
楽曲データを
聴こう

TRACK.01

ドラム・パート

軽快な8ビートを打ち込む

ドラムは、軽快な「8ビート」が基本。まず、定番のパターンを応用して2小節のリズムを作成したら、データをコピーして仮のドラム・トラックを作ります。それをガイドに他のパートを作りながら、必要に応じて「A」と「B」のリズムを変えてみたり、シンバルなどを加えてリズムにアクセントを付けたり、8小節目や16小節目などキリのいいところにリズムの変化（フィルイン）を入れていきましょう。

ドラムのパターンは、ハイハットから打ち込もう。入力後、下段の「ベロシティ」の項目で強弱のデコボコを付けると「チキチキ…」と音が変化してノリが得られる。その後でバスドラムとスネアで「ドン、タン…」というリズムを打ち込んでいく。[B]では、ハイハットを「カンカン…」と響くライドシンバルに差し換えて変化を付けた。

TRACK.02

ベース・パート

動きのあるポップなベースライン

8ビートの曲の場合、8分音符のリズムに合わせて淡々と演奏するベースが多いのですが、ここは軽快な曲の雰囲気に合わせてポップなベースにしてみましょう。

具体的には、ドラム・パートのバスドラムの音に合わせたリズムを刻みながら、5度やオクターブの動きを入れてみたり、次のコードに向かって滑らかに移動する動きを入れたパターンを作ります。

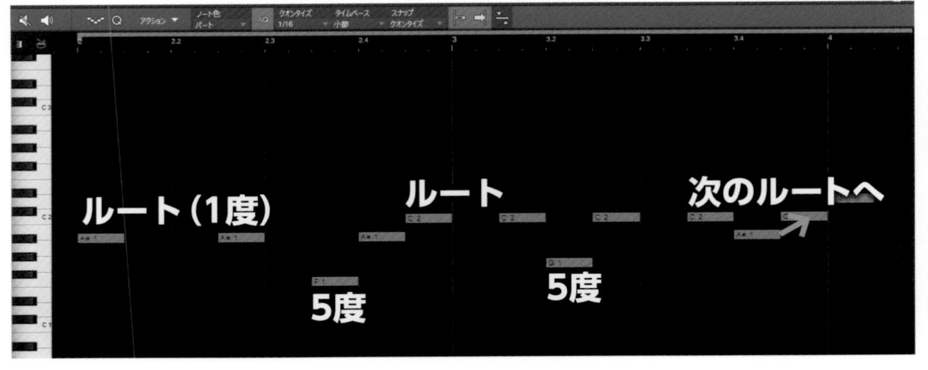

ベースは、ドラムと同じ2小節パターンとしてみた。ここでは、バスドラムに合わせて1～2拍目で音を伸ばさずに歯切れよく演奏するところがポイントだ。コードが変わってもリズムや音程の動きは一緒なので、3小節目以降はデータをコピーした後でコードに合わせて音程を上下させれば効率よく打ち込み作業が進められる。

TRACK.03

コード・パート

コードに洒落た響きを追加する

ポップな曲調を強調するために、基本的なコードの音に洒落た響きを加えるのが定番。24ページのコード進行に付いてる「7」や「9」などの数字がその響きを指定するものです。演奏は、リズムを刻まずに音を伸ばしていますが、もし刻むならばバスドラムやベースで演奏しているリズムを参考にして、そのタイミングにアクセントをつけるようなパターンを作ってみるといいでしょう。

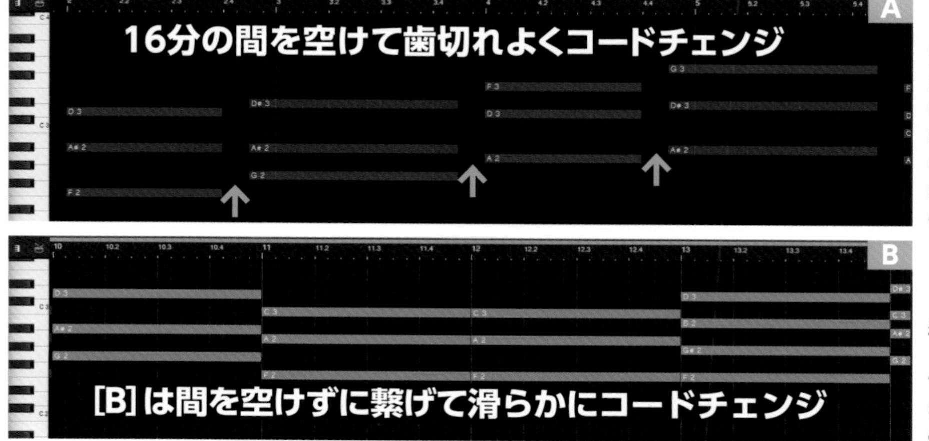

［A］では、ドラム＆ベースのリズムが作る前に進むような躍動感を損なわないように、コードが変わるタイミングに間を入れて歯切れよく演奏するのがポイント。

逆に、［B］では次のコードまでしっかりと音を伸ばすことでゆったりとした流れを作って、［A］と［B］の違いを表現している。

TRACK.04

メロディ・パート

コードの構成音を上下するだけでもOK

キラキラとしたシンセの音色でメロディ（主旋律）風のフレーズを作ります。例えば、［A］のようにコードの中の音をリズミカルにオクターブ交互に演奏するだけでも、意外とメロっぽい雰囲気が得られます。［B］ではコードの音をゆっくりとしたリズムで上昇／下降しているだけですが、息継ぎのような間を入れたりパターンの反復があるためメロディらしく聴こえます。

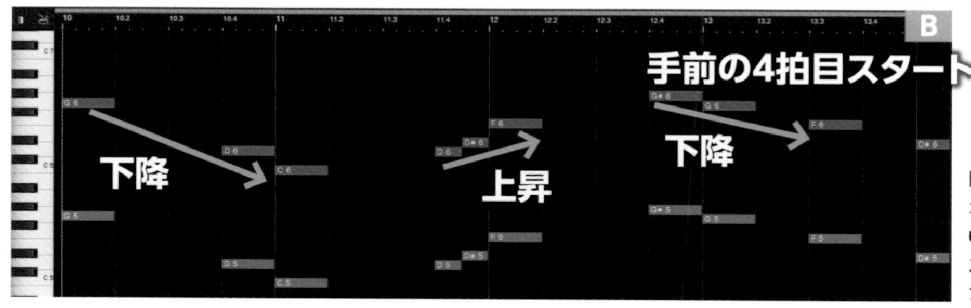

［B］のフレーズの前半は、コードの音を辿りながらゆったりと下降の後でスッと上昇というパターンが骨格となっている。

［B］のフレーズの後半は、リズムと音程の動きの反復に注目してみよう。また、常にフレーズの出だしを小節の頭に揃えずに、手前の小節から始まるところを作ることで変化をつけてみた。

TRACK.05

装飾パート

オブリガートで曲を華やかにする

リズム隊（ドラムとベース）、コードとメロディによる基本的なパートにもう1つ装飾的なパートを加えると、グッと曲が華やかになります。例えば、コード・パートがゆったりとした演奏なら、ピチカート（弓でひく弦楽器を指ではじく奏法）のような減衰する音色を選んでアルペジオを重ねてみたり、メロディの隙間に合いの手を入れるようなフレーズを作って入れていくといいですね。このようなパートやフレーズのことを「オブリ（オブリガート＝副旋律）」と呼んでいます。

［A］は、メロディ・パートのキラキラ・シンセに合いの手を入れるようなピチカートのフレーズを挿入してみた。

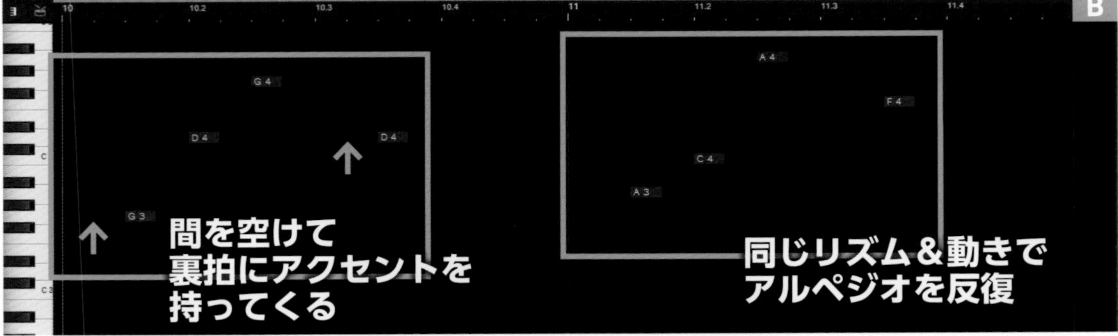

一方、［B］ではコードの音をアルペジオで演奏するパターンから始めて、後半では再び［A］のような動きのフレーズに戻している。

CHALLENGE 03

アクションパズル系シンプルポップ

パズルゲームに合いそうなテクノポップ風なBGMに挑戦してみましょう。

ABOUT SONG

主張しすぎないような
軽快でシンプルな反復を中心に

パズルやクイズゲームの曲作りは、プレイヤーの思考を邪魔しないことが最優先。派手なアレンジだったり曲にハッとさせる展開があると気を取られてしまうので、シンプルなパターンの反復を中心に組み立てていきます。サウンド的には、リズムマシン＋シンセベースのリズム隊に、上モノとしてシンセブラス＋ストリングスを加えたシンセ主体の軽めのテクノポップな方向が似合いますね。

トラックの詳細

TRACK	PART	SOUND NAME
01	ドラム	Drum Kits／Processed Kit 1
02	シンセベース	Bass／PPG Bass
03	シンセブラス	Synth／OB 8 Brass
04	シンセストリングス	Strings／FM Strings
05	マリンバ	Percussion／Marimbas

コード進行

A	2〜9小節	Gadd9	Am7onG	Cm6onG	Gadd9	Gadd9	Am7onG	Cm6onG	Gadd9
B	10〜17小節	Am7	Bm7	CM7	Bm7	Am7	Bm7	Cm7	Cm7onF

DATA

ここから
楽曲データを
聴こう

TRACK.01

ドラム・パート

淡々としたリズムを刻む

パズルゲームのBGMにドラムを入れる場合は、淡々としたリズムを刻むのが定番。

例えば、「ドンドンドンドン」とカウントを取るように打つバスドラム（キック）に、「チッチキ」と細かいリズムを刻むハイハットを加えたシンプルなものがいいでしょう。このパターンを繰り返しながら、スネアドラムなど他の音を加えて変化を作っていきます。

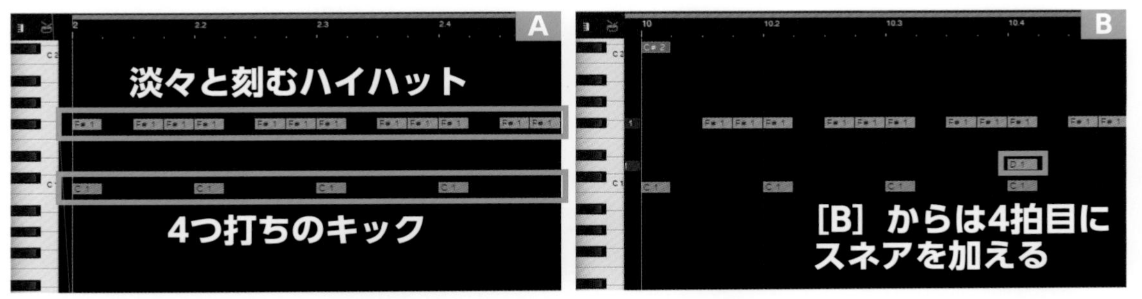

バスドラムとハイハットのみのシンプルなものを基本に、[B] からはちょっと変化を付けて4拍目に「タン」とスネアドラムを入れてみた。
曲をループさせる場合は、2周目の [A] からは2拍目にもスネアドラムを入れてみよう。単純な繰り返しにならずに適度な盛り上がりも演出できる。

TRACK.02

ベース・パート

8分刻みでシンプルに打ち込む

ドラムと同様にベースも派手な動きを入れないのがコツ。8分刻みで「ブンブンブン…」と歯切れよく演奏するだけでも十分でしょう。

もし、変化を付けるなら休符を入れて音を抜くところを作ってみたり、オクターブを交互に演奏するのが定番ですね。もっとハデにしたいときは、アルペジオのようなパターン化されたフレーズを反復するといいでしょう。

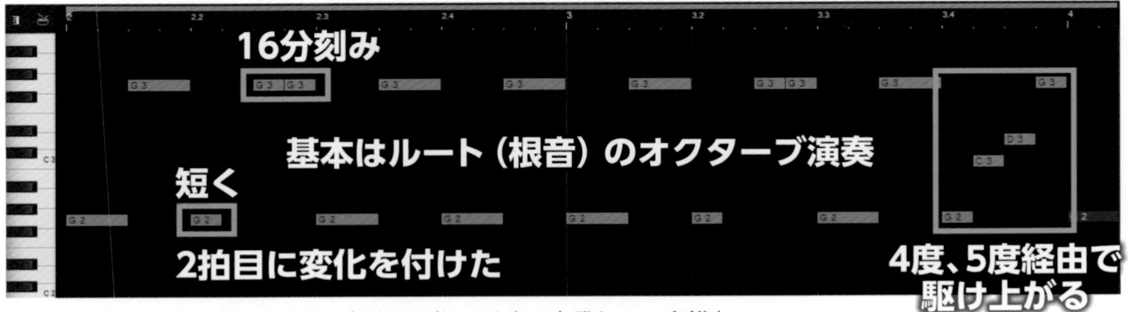

ベースは8分刻みのリズムに乗せてオクターブを交互に（低いソと高いソ）弾くフレーズが基本。
単調にならないよう、2拍目の音符の長さを短くして一瞬クッと止まったようにしてみたり、
細かいリズムや他の音を経由した動きも入れて変化を付けている。

TRACK.03

コード・パート

同じコードでも重ね方を変えてみる

コードのパートは、音を伸ばすか軽くリズムを刻むのが基本。このとき、同じコードを演奏する小節の中で重ね方を「ドミソ、ミソド…」のように変えてみましょう。本格的なメロディを作らなくても、コードの打ち込み方を工夫すればメロディのように聴かせることができます。

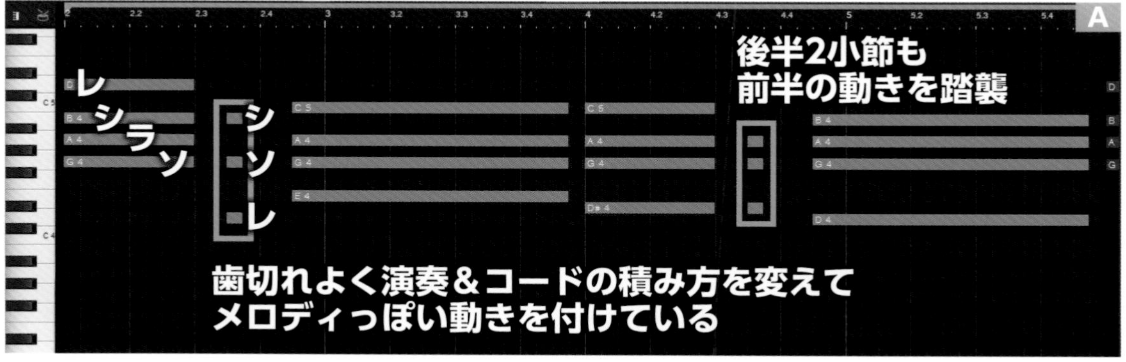

［A］のコード・パートは、リズムを刻みながら重ね方を変えることで、コードの一番上の音でメロディっぽい動きを作っている。続く［B］は、Track04のパートがメロディを演奏しているので、こちらはシンプルにコードの音を伸ばして演奏し［A］と［B］に変化を付けてみた。

TRACK.04

メロディ・パート

動きの異なる2つのメロディを組み合わせる

コードとメロディのパートが固定だと飽きやすいので、曲の展開に合わせて入れ替えてみましょう。サンプル曲では、［A］はコード・パートがメロっぽく動いてるので、こちらはシンプルなパターンを演奏し、［B］では伴奏に徹しているので、こちらはメロディを演奏しています。

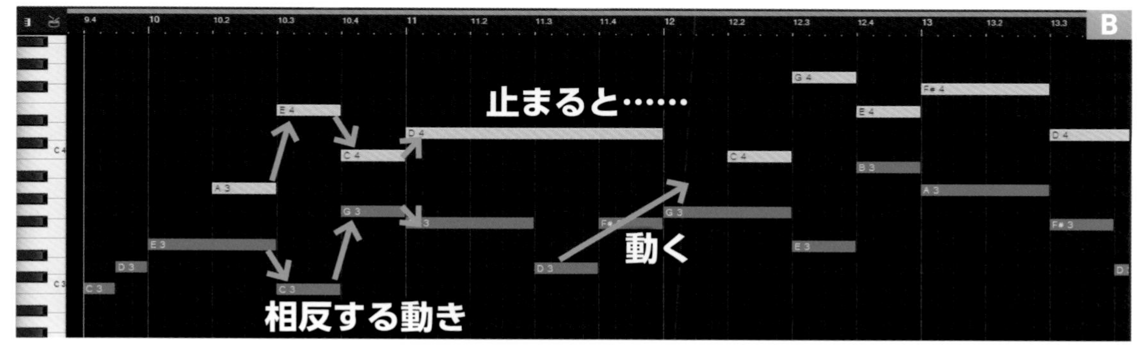

［B］のメロディは、ストリングスでよく用いられるフレーズの作り方をしてみた。高音と低音の2つのパートがあって、一方が上昇するともう一方は下降、一方が止まるともう一方が動くというような仕組みになっている（画面はわかりやすいように高音のパートのノートの色を変えている）。

TRACK.05

アルペジオ・パート

ピコピコアルペジオの効果の出し方

このような曲調には、アルペジオのような同じ動きを繰り返すフレーズがマッチします。ここで「ドソミソ ドソミソ…」のように偶数で一回りにすると落ち着いた感じに、「ドミソ ドミソ…」のように奇数で一回りにすると躍動感のあるフレーズが作れます。単純な繰り返しが気になるときは、「ドソミソ ド・ミソ」のように途中の音を抜いてみましょう。

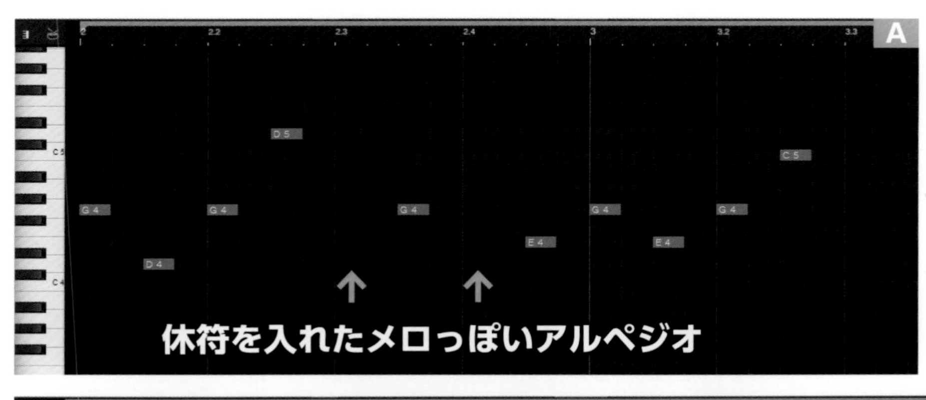

［A］は、コードの音を使いながらもリズムや音程の動きを工夫した2小節単位のパターンの繰り返し。

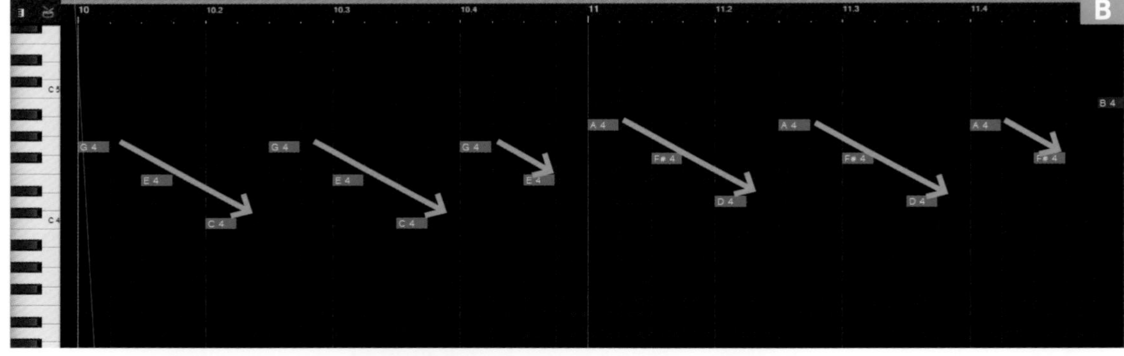

［B］は、コードの音を3音一回りで順番に演奏する1小節単位のアルペジオの繰り返しにしてみた。

CHALLENGE 04

サスペンス&ホラー系不穏なBGM

怖いゲームにぴったりの緊張感あふれるBGMに挑戦してみましょう。

ABOUT SONG

「全音階」を使えば不穏なムードに……！

推理系アドベンチャー、あるいは、ホラー系アクションゲームの緊張感ある世界観をイメージしたBGMです。

こういった雰囲気を醸し出すのに適しているのは、現代音楽のような調性（キー）がハッキリしない曲。その知識がなくても、「全音階（ホールトーン）」と呼ばれるスケール（音の並び）を利用すれば比較的簡単にそれっぽい曲が作れます。

トラックの詳細

TRACK	PART	SOUND NAME
01	ドラム	Drum Kits／Standard
02	ベース	Synth／Silkveil
03	コード	Vox／Choir Girls
04	アルペジオ	Vox／New Age Oohs
05	ストリングス	Strings／Midium Orchestra

A

B

全音階のスケール

すぐ隣の半音で繋がる部分がない、“1音間隔で均等に並んだ音階”だ。半音ズレた2種類がある。

ここから
楽曲データを
聴こう

TRACK.02-04

ベース／コード／アルペジオ・パート

全音階の構成音で適当に和音を作る

まず、全音階のスケール上の音を1 ～ 3音くらい間隔を空けて3 ～ 4つ重ねた和音を作ったら、一番下の音をベース、上の音をコードのパートに割り振ります。また、コードは隣りあった音をぶつけたり、逆に広めの間隔で重ねると緊張感のある響きになるので試してみましょう。アルペジオは、全音階を順番に上下したり、1 ～ 2音飛ばしでジグザグに動いたりしながら繰り返すパターンを作ります。

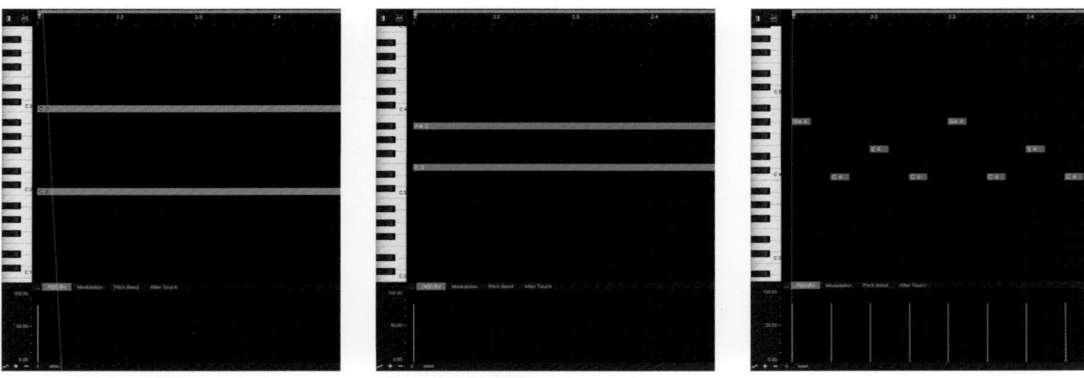

全音階から作ったサンプル曲のベース、コード、アルペジオの1小節目のパターン。
これを雛形に、次のページで紹介する方法で簡易なエディットを加えると、サンプル曲の1 ～ 8小節目のような展開が作れる。

TRACK.01 , 05

ドラム／メロディ・パート

ライドとストリングスで不穏な音を演出

淡々と冷たいリズムを刻むのに便利な音色がライドシンバルです。拍子をとるように「カンカン…」と叩くか簡単なリズムを作って反復してみましょう。そして、サスペンス系のBGMで緊張感や緊迫感を煽るときの定番が、ストリングスを半音ずらしで重ねて「キャンキャン…」と刻むパターン。TVや映画で聴いたことがある人も多いと思います。これらの音を無機的に繰り返すだけでも不安な気分になります。

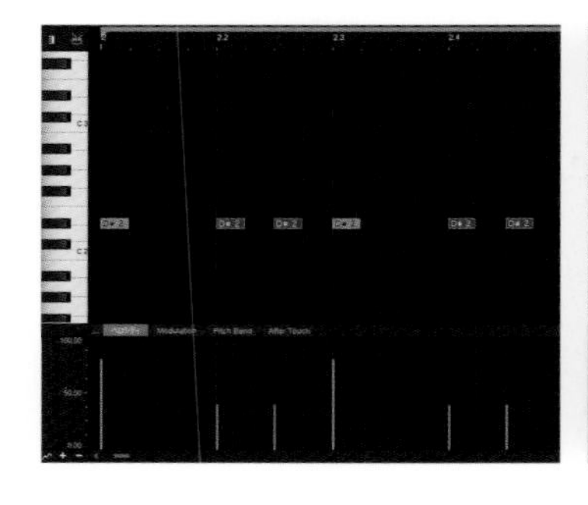

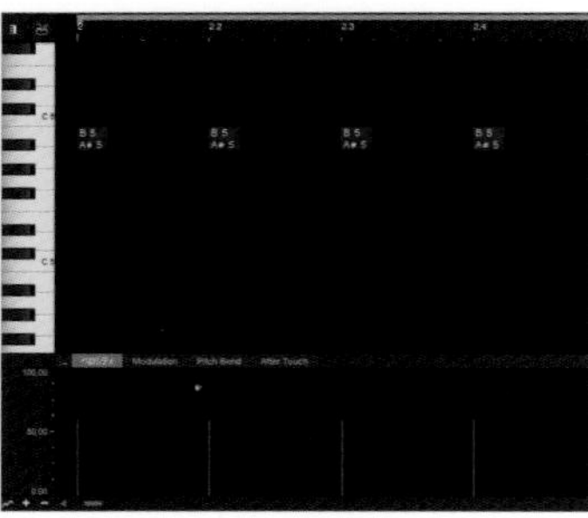

ライドシンバルは、2拍単位で「チンチキ」を繰り返すパターン。「チン」を強く、「チキ」を弱くするるのがコツだ。ストリングスは、高い音を2つ重ねてカウントを取るイメージ。打ち込んだ後、2音セットで上下させると雰囲気が変わるので試してみよう。

SPECIAL MISSSION !!

1小節目を雛形にして自分なりのサスペンス曲を作ってみよう

前ページで作った各パートの1小節目のデータをコピーし、その音程のパラメーターをエディットすることでサンプル曲のような展開を作ってみましょう。設定する値を変えればオリジナルのサスペンス曲が作れるので、ぜひ挑戦してください。

STEP.01

打ち込んだ1小節目のデータをコピーする

今回、打ち込み体験に使用しているStudio Oneには、簡単にデータを他の小節にコピーする方法が用意されています。トラック上でコピー元となるイベント（入力したデータ）をクリックして選択した後にDのキーを叩くと、すぐ隣の小節に選択したデータがコピーされます。全パートの1小節目のイベントを選択したら、Dキーを連打して8小節目まで埋めていきましょう。

コピー元になる1小節目のイベントを矢印ツールでクリックして選択した後、Dキーを叩くとデータがコピーされる。
連打すれば、どんどん先へとコピーしていくことが可能だ。

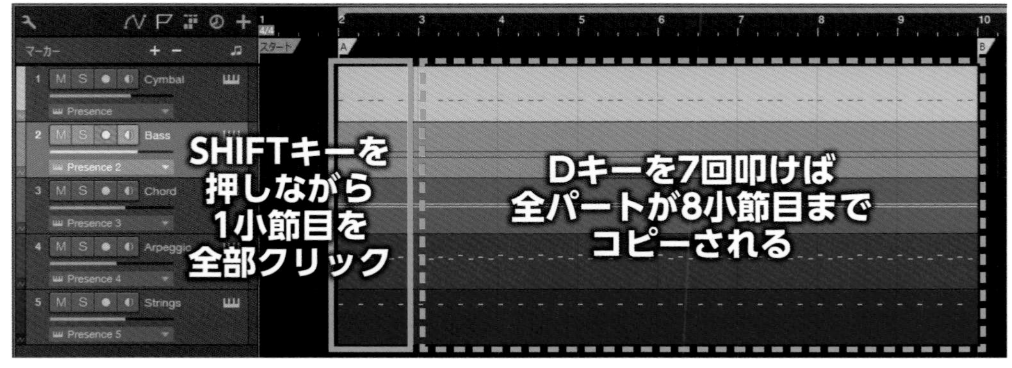

SHIFTキーを押しながらクリックすると複数イベントが選択できる。
1小節目の全イベントを選択し、全てのパートを一括してコピーしていくと作業が早い。

STEP.02

トランスポーズ機能で変化を作る！

Studio Oneでは、イベントの「トランスポーズ（移調）」の値を変更することで、打ち込んだデータはそのままに再生時の音程を上下することができます。全音階の場合、同じ小節内で偶数（0,2,4,6,8,10…）か奇数（1,3,5,7,9,11…）のどちらかの値を選んで入力する限りは、各パートの音がぶつかって濁ることはありません。

サンプル曲の値を参考にしつつも、自分なりにトランスポーズの値を設定して曲の展開を作ってみましょう！

まず、まず、トラックエリアの「ｉ」アイコンをクリックして、画面左側に「インスペクタ」を表示しておく。

イベントをクリックして選択したら、インスペクタ下段のトランスポーズの項目の数字を増減しよう。値は0を中心に＋の値は音程が上がるほう、－の値は音程が下がるほうに変化する。

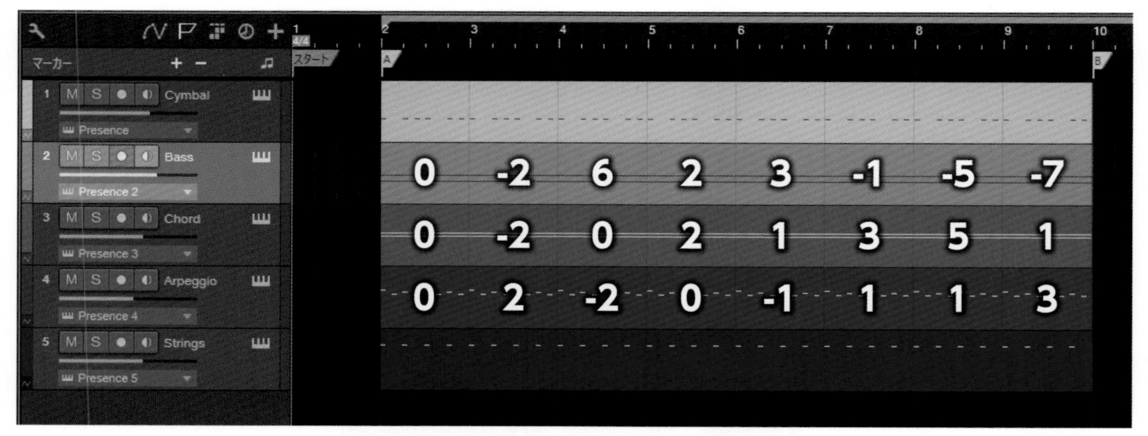

サンプル曲で設定しているトランスポーズの値。前半4小節は偶数で、後半4小節は奇数で変化量を選択して変化をつけている。

ゲームミュージック 作曲テクニック

STAGE 02

STAGE 02

ページの見方

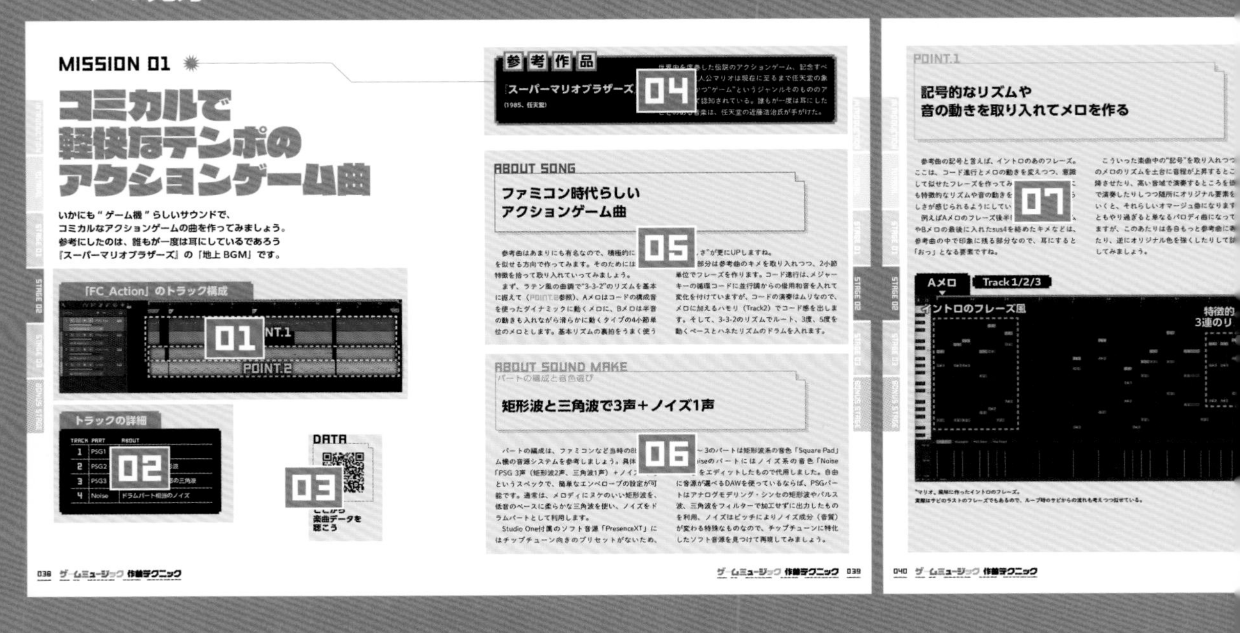

01 サンプル曲のトラック構成

02 サンプル曲の各トラック音色概要

03 サンプル曲をオーディオで聴けるQRコード

04 参考にしたゲームの作品解説

05 サンプル曲の概要

06 サンプル曲のサウンド制作テクニック

07 打ち込みテクニックポイント解説

※参考作品の発売社名は販売当時の名称を使用しています。

※解説画面は、制作時に使用したStudio One Primeです。最新バージョンでは画面が変更される可能性があります。あらかじめご了承ください。

いろんな時代のゲームミュージックからテクニックを学ぼう

本ステージでは、昔ながらのピコピコサウンドから
今どきの本格的な劇伴風サウンドに至るまで
いろんな時代のゲームミュージックを解析し
曲に使われたテクニックを紹介していく

ゲームプレイヤーが“良い！”と感じるだろう
様々なテクニックをこのSTAGEでたくさん吸収しよう

MISSION 01

コミカルで軽快なテンポのアクションゲーム曲

いかにも“ゲーム機”らしいサウンドで、
コミカルなアクションゲームの曲を作ってみましょう。
参考にしたのは、誰もが一度は耳にしているであろう
『スーパーマリオブラザーズ』の「地上 BGM」です。

「FC_Action」のトラック構成

トラックの詳細

TRACK	PART	ABOUT
1	PSG1	主旋律の矩形波
2	PSG2	ハモリパートの矩形波
3	PSG3	ベース相当の低音部の三角波
4	Noise	ドラムパート相当のノイズ

DATA

ここから
楽曲データを
聴こう

参考作品

『スーパーマリオブラザーズ』

(1985年、任天堂)

世界中を席巻した伝説のアクションゲーム、記念すべき第1作。主人公マリオは現在に至るまで任天堂の象徴であり、かつ“ゲーム”というジャンルそのもののアイコンとして認知されている。誰もが一度は耳にしたことのある音楽は、任天堂の近藤浩治氏が手がけた。

ABOUT SONG

ファミコン時代らしいアクションゲーム曲

参考曲はあまりにも有名なので、積極的に雰囲気を似せる方向で作ってみます。そのためには、曲の特徴を拾って取り入れていってみましょう。

まず、ラテン風の曲調で“3-3-2”のリズムを基本に据えて(POINT.2参照)、Aメロはコードの構成音を使ったダイナミックに動くメロに、Bメロは半音の動きも入れながら滑らかに動くタイプの4小節単位のメロとします。基本リズムの裏拍をうまく使うと“らしさ”が更にUPしますね。

サビ部分は参考曲のキメを取り入れつつ、2小節単位でフレーズを作ります。コード進行は、メジャーキーの循環コードに並行調からの借用和音を入れて変化を付けていますが、コードの演奏はムリなので、メロに加えるハモリ(Track2)でコード感を出します。そして、3-3-2のリズムでルート、3度、5度を動くベースとハネたリズムのドラムを入れます。

ABOUT SOUND MAKE

パートの編成と音色選び

矩形波と三角波で3声+ノイズ1声

パートの編成は、ファミコンなど当時の8bitゲーム機の音源システムを参考しましょう。具体的には「PSG 3声(矩形波2声、三角波1声)+ノイズ 1声」というスペックで、簡単なエンベロープの設定が可能です。通常は、メロディにヌケのいい矩形波を、低音のベースに柔らかな三角波を使い、ノイズをドラムパートとして利用します。

Studio One付属のソフト音源「PresenceXT」にはチップチューン向きのプリセットがないため、PSG1 ~ 3のパートは矩形波系の音色「Square Pad」を、Noiseのパートにはノイズ系の音色「Noise Slide」をエディットしたもので代用しました。自由に音源が選べるDAWを使っているならば、PSGパートはアナログモデリング・シンセの矩形波やパルス波、三角波をフィルターで加工せずに出力したものを利用、ノイズはピッチによりノイズ成分(音質)が変わる特殊なものなので、チップチューンに特化したソフト音源を見つけて再現してみましょう。

POINT.1

記号的なリズムや音の動きを取り入れてメロを作る

参考曲の記号と言えば、イントロのあのフレーズ。ここは、コード進行とメロの動きを変えつつ、意識して似せたフレーズを作ってみました。他の部分にも特徴的なリズムや音の動きを織り交ぜて、それらしさが感じられるようにしています。

例えばAメロのフレーズ後半に登場する3連リズムやBメロの最後に入れたsus4を絡めたキメなどは、参考曲の中で印象に残る部分なので、耳にすると「おっ」となる要素ですね。

こういった楽曲中の"記号"を取り入れつつ、原曲のメロのリズムを土台に音程が上昇するところを下降させたり、高い音域で演奏するところを低い音域で演奏したりしつつ随所にオリジナル要素を足していくと、それらしいオマージュ曲になります。もっともやり過ぎると単なるパロディ曲になってしまいますが、このあたりは各自もっと参考曲に寄せてみたり、逆にオリジナル色を強くしたりして試行錯誤してみましょう。

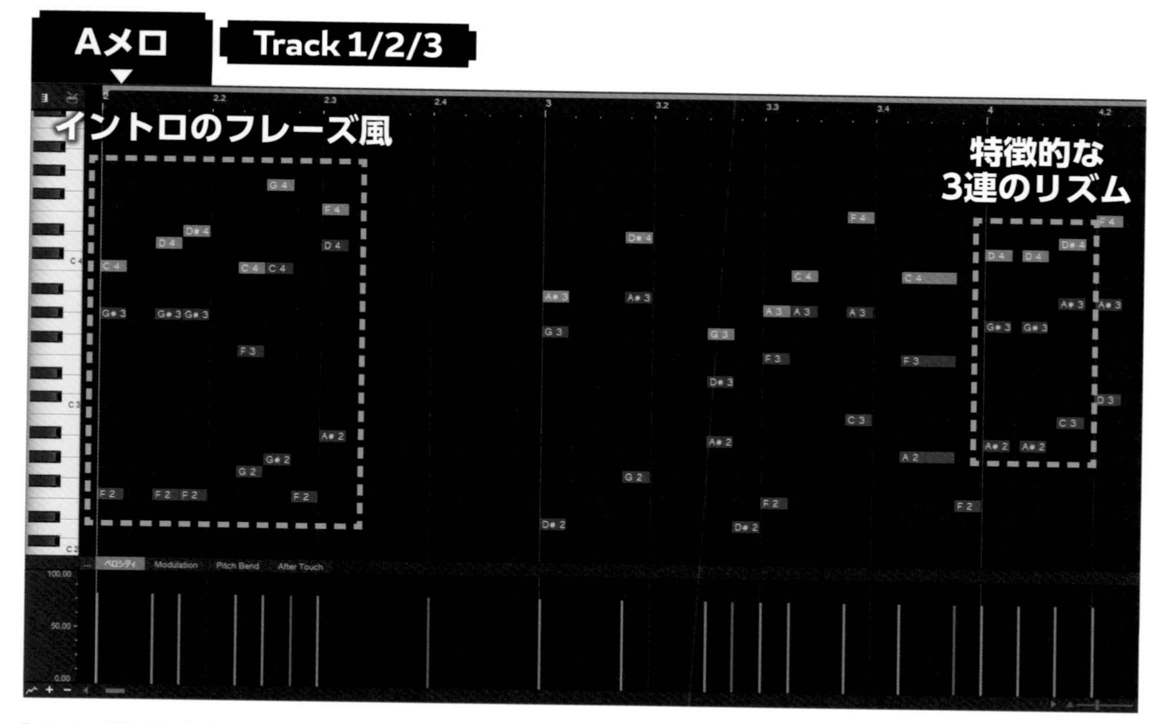

〝マリオ〟風味に作ったイントロのフレーズ。
実際はサビのラストのフレーズでもあるので、ループ時のサビからの流れも考えつつ似せている。

Bメロ　Track 1/2/3

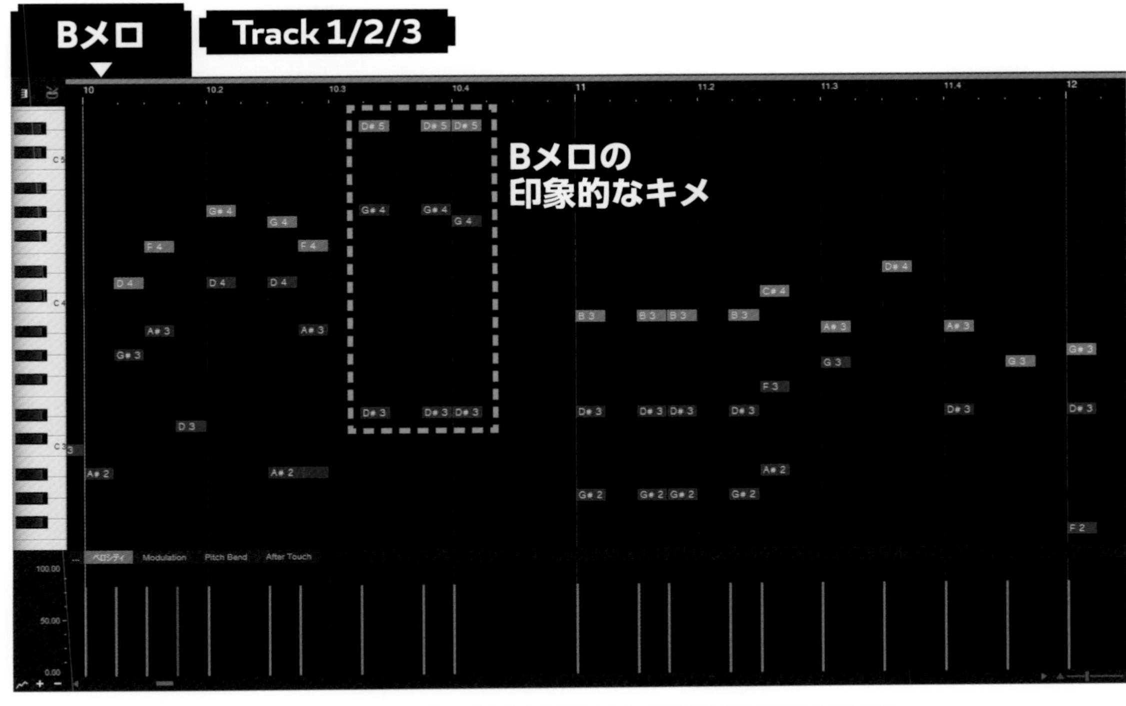

Aメロの3連フレーズやこちらのBメロのキメのフレーズは、どちらも参考曲のなかで印象的な部分を取り入れたもの。

POINT.2

リズムの音色&パターンとベースの動きで“らしさ”を

8bitゲーム機のノイズ音源は、ピッチが高いとサラサラとした質感のノイズになり、低いとゴワゴワとした質感のノイズになるのが特徴です。こうした音の変化を応用して「低音をキック」「中間をハイハット」「高音をスネア」のように使い分けて、ノイズ1声でドラム風のリズムを打ち込んでいます。

サンプル曲の場合、ノイズ波形をシンセのフィルターで加工することで音色変化（明暗）を作り、疑似的に8bitゲーム風のドラム音色としています。もっとリアルに再現するならば、ゲーム機ならではのノイズが出せるチップチューン音源を見つけるか、それらの音を収録したオーディオ素材を探して使ってみましょう。

一方、ベースについては、参考曲のBメロ部分の動きを取り入れて、A～Bメロのベースラインを作りました。Root、3rd、5thの音を3-3-2のリズムで上昇する基本パターンにアクセント的な細かな動きを加えることでラテンっぽい雰囲気が醸し出されます。

Aメロ Track 4

特殊なノイズに音程差を付けることで、1声でキック、スネア、ハイハット相当のリズムを刻む。
ベロシティで音量をコントロールして、スネア＆キックとハイハットとの音量バランスの調整と、
ハイハットの裏伯を弱めることでリズムのメリハリを作っている。

Bメロ Track 3

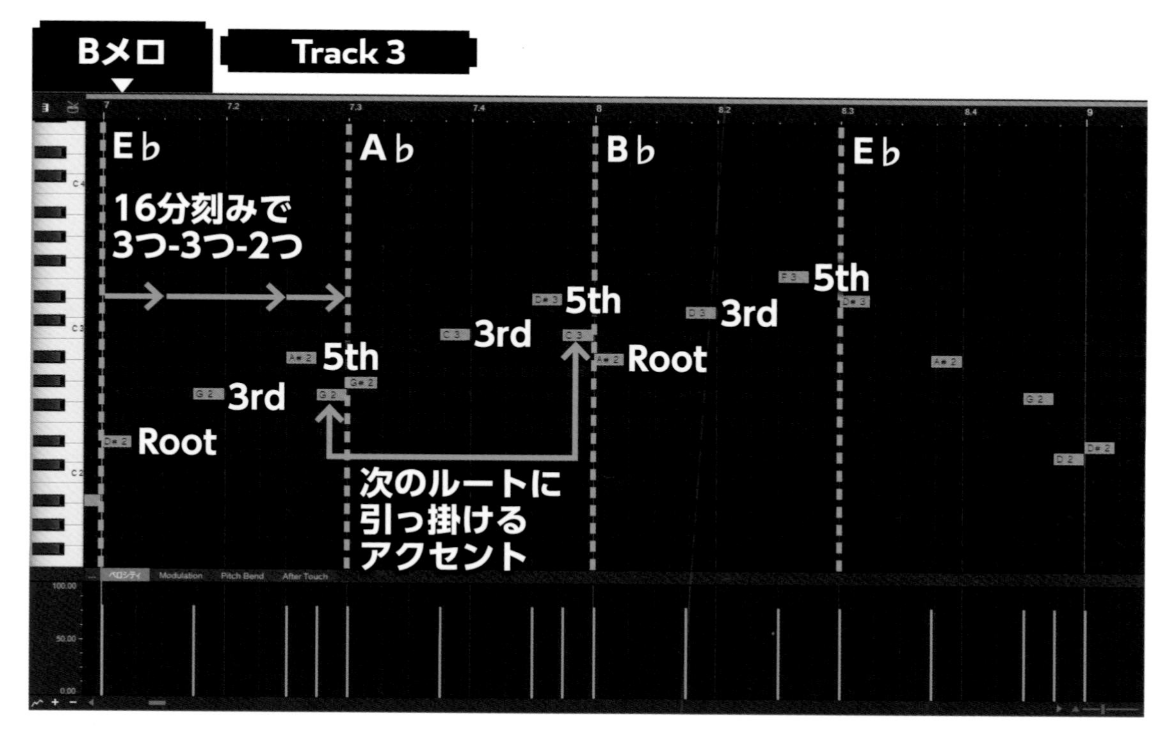

ルート、3度、5度で動くラテン音楽っぽいベースライン。
さらにコードの変わり目で引っ掛けるようなアクセントを入れることで、より軽快で楽しげな雰囲気にしてみた。

COLUMN

5分でわかった気になる ゲームミュージックの歩み

PSG 音源 ['80年代前半〜]

ゲームミュージック誕生のためには欠かせなかった音源

ファミリーコンピュータのサウンドに代表される、いわゆる“ピコピコ音”がPSG音源およびその亜種たち。ファミコンだけでなく、多くのアーケード／家庭用ゲーム機、そして80年代前半に“マイコン”とも呼ばれたMSXなどのホビー用パソコンと、幅広いハードウェアに搭載された音源チップだ。

PSGとは「Programmable Sound Generator」の略。それ以前のビープ（単音ブザー）音からすると、3和音以上を鳴らせるPSGは格段の進歩であり、また容易に音を制御することが可能であった。折しもファミコン人気などからテレビゲームに注目が集まった時期でもあり、この80年代初頭がゲームミュージック誕生の時期だと言える。

基本、3和音程度（しかも効果音も含めて）であるため、楽曲作りに様々な制限があったが、作り手はその分創意工夫を凝らして様々なテクニックを生み出し、『ゼビウス』や『スーパーマリオブラザーズ』『ドラゴンクエスト』といった後世まで語られるような楽曲が誕生している。

その後も、ゲームボーイなどの携帯ゲーム機に搭載されており、息の長い音源として活躍した。

PSG音源の仕組み 〜音楽を演奏するための必要最低限な能力

●矩形波 & ●ホワイトノイズ

主に矩形波などのごくシンプルな基本波形×3＋ホワイトノイズがもっとも一般的な構成。波形の選択、音階、ビブラート、音量エンベロープの制御が可能であり、当時のパソコンに標準搭載されていたBASIC言語から、MML（Music Macro Language）を使っての入力・演奏が可能であった。

MISSION 02

80年代8bit系アクションADV風ミュージック

ファミコンに代表される、80年代のゲーム機らしいサウンドとアレンジによるBGMを作ってみましょう。参考にしたのは、人気シリーズ『ゼルダの伝説』の第1作目より、「地上BGM」です。

「FC_RPG_Field」のトラックの様子

トラックの詳細

TRACK	PART	ABOUT
1	PSG1	メロディ
2	PSG2	ハモリ+アルペジオ
3	PSG3	ベース+アルペジオ
4	Noise	ドラム

DATA

ここから楽曲データを聴こう

参考作品

『ゼルダの伝説』

(1986年、任天堂)

任天堂ハードを常に牽引するキラータイトル『ゼルダの伝説』、その記念すべき第1作目はファミコンディスクシステムで発売された。スタッフは『スーパーマリオブラザーズ』なども手がけたクリエイター宮本茂氏、手塚卓志氏、そして音楽を近藤浩治氏が担当。後のシリーズ作品にも楽曲を数多く提供している。

ABOUT SONG

3連のリズムで「さあ、行くぞ！」感を出すべし

参考にした『ゼルダ』の地上BGMは、ファンタジーな世界観を持つゲームでは定番と言える、ちょっとクラシカルな雰囲気が漂う曲です。フィールド系の曲らしく元気のいい3連のリズムが特徴で、「さあ、行くぞ」的な高揚感を醸し出しています。ですから、このタイプの曲を作るときは、ベース相当のパート＆ドラム相当のノイズが作る“3連のリズム”を取り入れてしまうのがコツです。

まず、曲の骨格となるコード進行は、同主調やその並行調（サンプル曲の場合キーはCなので、CmやE♭）のコードを借りつつ、カッチリとした印象となるV-Iの進行を主軸に展開します。一方、メロディは、シンコペーションなどは使わずに、小節や拍の頭に強くアクセントを感じるリズムでフレーズを作ると力強さが感じられ、全体としてそれらしいクラシカルな雰囲気を作れます。

ABOUT SOUND MAKE

パートの編成と音色選び

矩形波＋三角波の3声とノイズが基本！

往年のファミコンっぽい8bitサウンドにするキモは、やはり単純な矩形波を使ったわずか3声のアレンジという点にあります。多くの場合、2声で「メロ＋ハモリ」か「メロ＋アルペジオ」を演奏し、残り1声でベース相当のパートを加えるのが基本スタイル。更に、ノイズのパートを利用して、ドラム相当のリズムを刻むのもポイントです。このフォーマットを踏襲するだけで、古き良きゲームミュージック～チップチューンらしくなります。

DAWソフトでこういったサウンドを再現したい場合、アナログシンセ系の音源を使います。矩形波を使ったリード系の音色を選ぶか、イニシャライズ状態から波形に矩形波を選んだ素のサウンドを鳴らすと、それらしいサウンドを作れるでしょう。

POINT.1

メロと対になる“2つめのパート”がコードもオブリも担当

3声しか使えないうち、1つめのパート「PSG 1ch」はメロディ担当となるため、リズム隊（ベースとドラム相当）を除く他の要素は全て、2つめのパート「PSG 2ch」に詰め込むことになります。このトラックをメロとハモらせればコード感が得られ、メロとは異なる動きを入れるとオブリガート的な装飾を加えられます。まず、出だし部分では、メロが動いているところをハモりつつ、その後メロが止まると同時にアルペジオに転じて、オブリっぽさとコード感を強調しています。

続く後半部分では、メロの動きをフォローしつつも、独立したオブリのフレーズを演奏することで、アレンジが単調にならないよう工夫しています。

少ないパートで豊かな演奏をするには、このように“2つめのパート”を常に動かしていくことが重要です。単なるハモリやアルペジオに役割を固定せず、ハモリやオブリ、アルペジオなど臨機応変に使い分けましょう。

“2つめのパート”の演奏パターン例その1。メロのハモリを中心に、隙間を縫うようにオブリ的フレーズを挿入する。

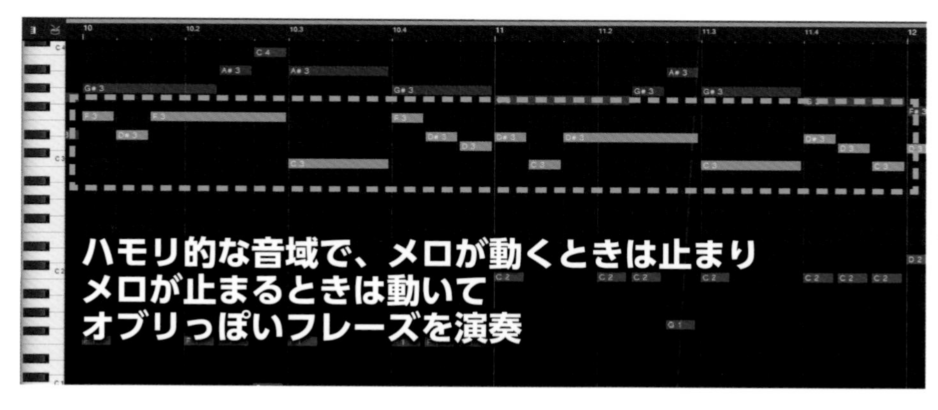

“2つめのパート”の演奏パターン例その2。メロディをなぞりつつも、別のフレーズとすることで、コード感を出しつつオブリらしい演奏に。

POINT.2

ベース相当のパートにも複数の役割を与えて変化をつける

少ないパートを有効活用するために、ベース相当の3つめのパートである「PSG 3ch」にも、もっと活躍してもらいましょう。

サンプル曲は参考曲と同様に「Aメロ-Bメロ-Aメロ-Cメロ」という展開となっていますが、そのCメロに相当する部分でこれまでとは違う流れを演出するために、リズム隊の2パートの様子を変えています。

ここまで大忙しだった2つめのパート「PSG 2ch」は、Cセクションからはメロに付随するハモリに徹してもらい、3つめのベース相当のパート「PSG 3ch」でアルペジオ〜オブリ的なフレーズを演奏させます。合わせてドラム相当のノイズも、刻むパターンを変えて“場面が転換した感じ”を強調しました。

この辺は、参考曲のアレンジをアイデアとしてそのまま取り入れたものですが、わずか3パートで曲の展開に緩急をつける手法として、他のタイプの曲作りにも応用できるでしょう。

Cのセクションでは、2パートめはメロのハモリにして、3パートめのベースでコードのアルペジオを演奏する。
そうすることで、前半とは異なる展開としている。

MISSION 03

正統派ファンタジーRPGのメインテーマ

DATA

ここから
楽曲データを
聴こう

クラシカルなオーケストラ・サウンドを
イメージした正統派のRPG曲を作ってみましょう。
参考にしたのは、多くの人が耳にしていると思われる
『ドラゴンクエスト』シリーズのテーマ曲「序曲」です。

「SFC_RPG_Thema」のトラックの様子

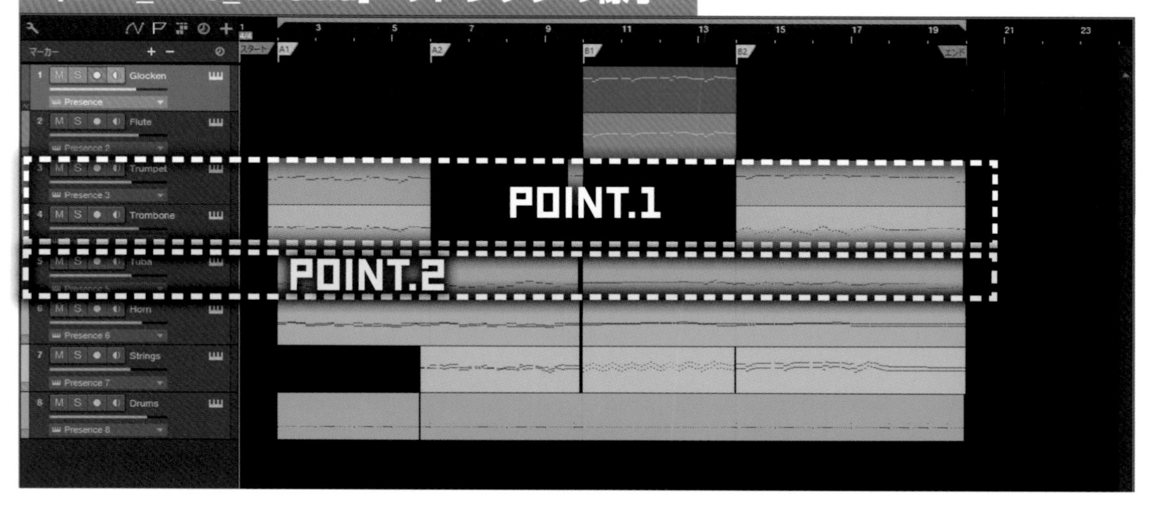

トラックの詳細

TRACK	PART	ABOUT
1	Glocken	フルートの補助（ユニゾン）
2	Flute	Bパートのメロディ
3	Trumpet	主メロ・パート
4	Trombone	ハモリ+オブリ・パート

TRACK	PART	ABOUT
5	Tuba	ベース・パート
6	Horn	コード・パート
7	Strings	主メロ+オブリ・パート
8	Drums	マーチングドラム風

参考作品

『ドラゴンクエストV 天空の花嫁』
(1992年、エニックス)

言わずと知れた国民的RPG『ドラクエ』。初代ファミコン版から最新作に至るまで、OP曲はおなじみすぎやまこういち氏の「序曲」が使われているが、アレンジやサウンドは1作ごとにPSGからフルオーケストラの生演奏まで、まさにゲーム音楽の進化の歴史そのものだ。

ABOUT SONG

中世ヨーロッパ風の世界観にはオーケストラ音色がよく似合う

剣と魔法とドラゴンと……という中世ヨーロッパ風世界観のRPGには、オケ音色によるクラシカルな曲調が似合います。まずは、弦か管でメロディを作り、メロが弦なら管で、メロが管なら弦で2声程度のコードパート（または、メロのハモリパート）を加えてみましょう。そこにリズム隊として、小太鼓によるマーチングドラムと、チューバorチェロによるベース相当の低音パートを加えると形が整います。余力があれば、木管系の音色でヒラヒラと舞うようなオブリを足すと更に良い雰囲気になりますね。

参考にした「序曲」は、上コラムのとおりシンプルなファミコン時代から本物のオーケストラが奏でる最新のゲーム機まで、同じメロディで様々なアレンジのバージョンがあるので、それらを比較すると、どんな音を足していくとオケっぽさが増していくか参考になります。

ABOUT SOUND MAKE

パートの編成と音色選び

オーケストラ楽器を8パート程度に凝縮

サンプル曲は、スーファミ以降の内蔵PCM音源による演奏をイメージ。サウンド的には、高品位な音源よりもお手軽なマルチ音源のオケ音色を使ったほうがゲーム機っぽい質感が得られます。パート編成は、ゲーム機を意識して8パート程度に設定。

主役の金管は“ブラス”のようなアンサンブル音色を使わず、トランペットとトロンボーンの2パートに分けて、主メロとハモというように分担させたのがポイント。もう一方の主役“ストリングス”は、アンサンブルの音色を選んでメロから伴奏まで1パートでカバーします。そこに、コード相当のパートを演奏するホルン、ベース相当のチューバ、オブリを演奏するフルートとグロッケン、そして、大太鼓、小太鼓、シンバルの打楽器を加えました。これは、本格的なオーケストラの再現を目指すのではなく、その中から特徴的なサウンドを拾ってデフォルメした感じです。

POINT.1

“モチーフ”の反復でオケっぽいメロディラインを作る

オケ風メロディを作るポイントの1つは、フレーズの種となる“モチーフ”を、形を変えながら反復させること。

例えば、音程の動きやリズムはそのままにコードに合わせて変化させたり、フレーズ全体を別の楽器に差し替えて繰り返すような流れです。

サンプル曲の場合、Aメロでは4小節一回りのメロディを1回目は金管、2回目は弦というように楽器を変えて反復。続くBメロでは、1小節単位のモチーフをコードに合わせて変えながら繰り返しつつ、Aメロと同様に全体を別の楽器で反復するという展開です。また、Bメロでは、伴奏パートも1回目はストリングスでアルペジオ、2回目はトロンボーンでというように違う楽器で同じパターンを反復。こういう要素を入れていくと、オケっぽい雰囲気の曲になっていきます。

Aメロのこのフレーズは、1回目は金管、2回目は弦が演奏する。
金管では上の主メロをトランペット、下のハモリをトロンボーンに分けたのが厚みを感じさせるポイントだ。

Bメロ Track 3(7)

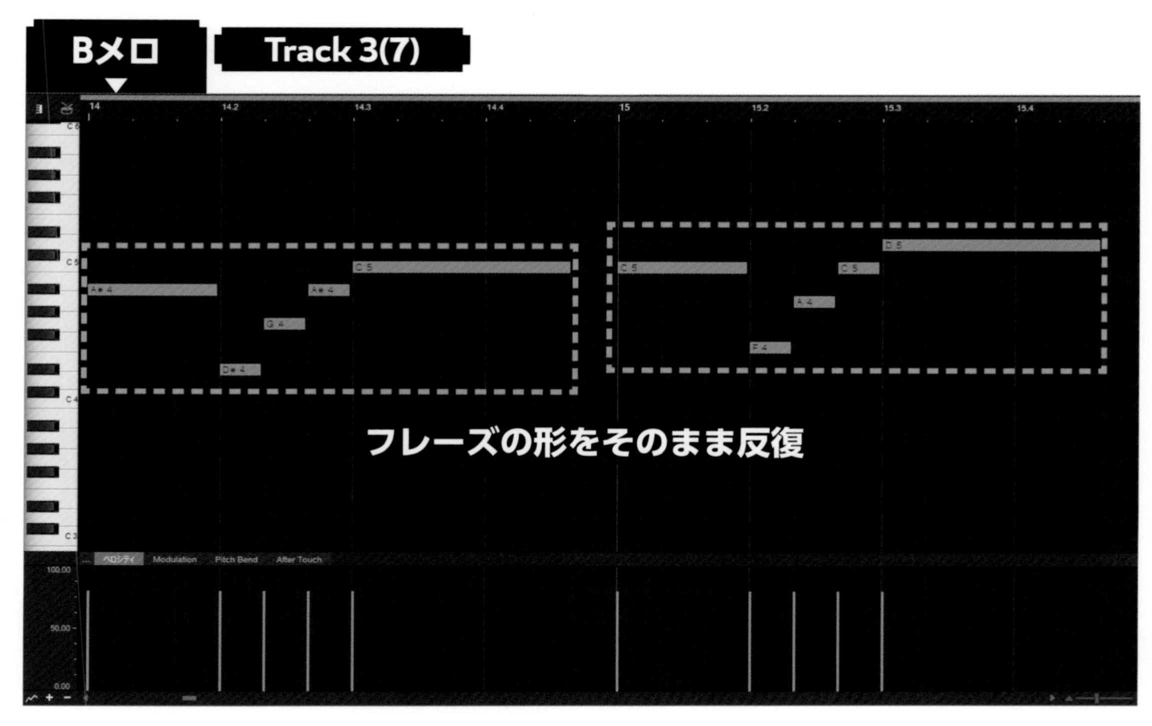

一方のBメロは、同じ形のフレーズを音程を変えながら繰り返していくパターン。
聴き取りにくいときはトラックをソロ再生にして、再生速度を変更しながら動きを確認してみよう。

POINT.2

ベース相当のチューバで曲に動きを付けていく

参考曲のアレンジでは、拍単位でスケールを上昇／下降したり、メロディと呼応するように動く低音パートに特徴があります。サンプル曲にもそれらの要素を取り込んで曲に動きを付けていきましょう。

クラシックの場合、こういった動きには作法があるのですが、サンプル曲では雰囲気を重視して感覚的に「真似」する形としました。とりあえず、ゲーム曲としては十分ですが、もっと本格的にオケ曲を作っていきたいと思っているなら、理論を勉強しつつ作っていくといいでしょう。

また、この低音（サンプル曲ではチューバ）のパートは、打ち込む際のゲートタイム（発音時間）の設定がキモ。音符の長さよりもちょっと短めにして、歯切れ良く演奏されるように調整します。これだけでも曲のノリが変わってくるから重要です。

Aメロ　Track 5/6

チューバは、次のコードのルートに向かって、拍に合わせてスケール上を移動していくフレーズだ。
ホルンのコードも同じように動きながら刻んでいる点に注目。

Bメロ　Track 3/5

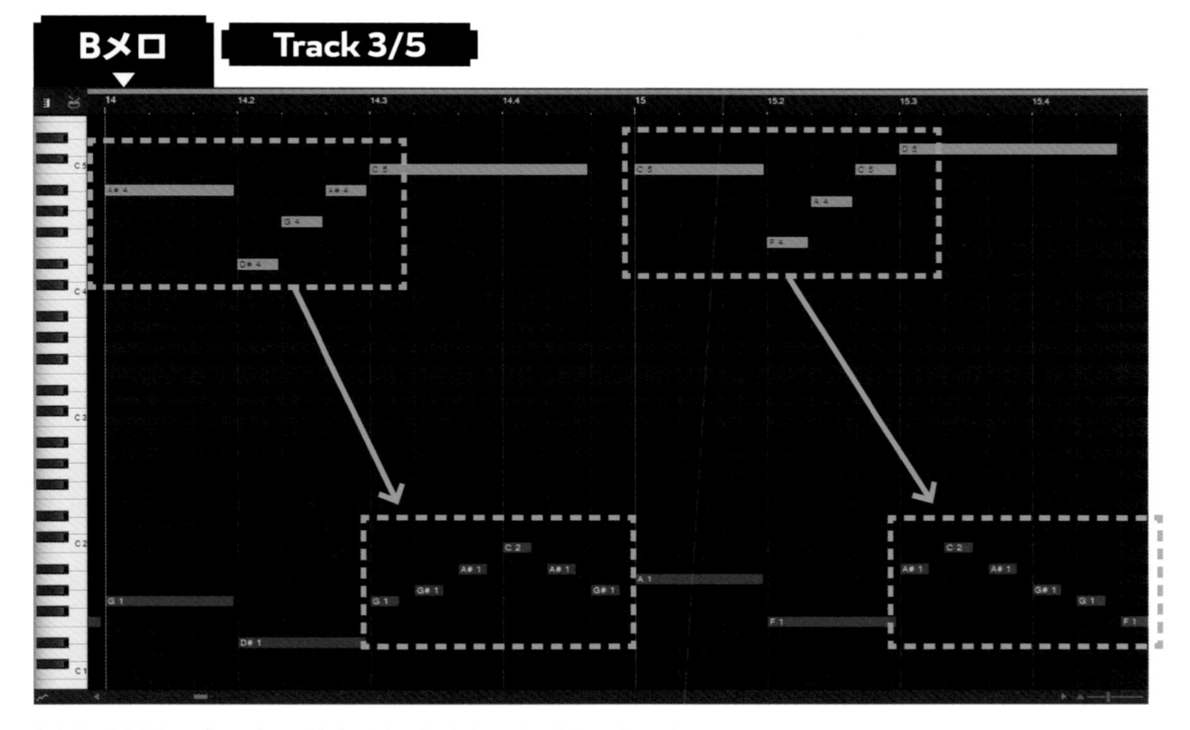

参考曲にも登場する、「メロディに呼応するように動く低音パート」を取り入れてみた。
ここは、チューバに加えてトロンボーンもユニゾンで演奏している。

COLUMN

5分でわかった気になる ゲームミュージックの歩み 02

FM音源 ['80年代後半〜]

耳に残るサウンドを生み出した ゲームミュージックの立役者

ヤマハのシンセサイザー「DX7」に搭載されたことでも有名なFM音源もまた、ゲームミュージックの歴史には欠かせない存在だ。

ゲーム内容の進化とともにPSGのみでのサウンド表現には限界が見えてきて、ビデオゲームにより目新しさが要求されていた時代の潮流と合致し、『戦場の狼』『源平討魔伝』といったアーケードゲームの音源として登場。その金属的なサウンドは騒がしいゲームセンターでも目立ち、その後しばらくの間アーケードゲームの主流となった。

出始めたばかりのPCM音源と組み合わせて使われることも多く、FM音源メロディ＋PCMドラムの組み合わせは『アウトラン』『ニンジャウォーリアーズ』などで名曲を奏でている。この流れはメガドライブなど家庭用ゲーム機にも波及した。

FM音源はホビー用パソコンにも搭載され、シーケンサーソフトの登場もありパソコンユーザーに打ち込み文化が普及、DTMの原型となる。『イース』など音源の能力を存分に生かしたタイトルも人気を呼び、こうしたムーブメントからゲームミュージックの認知度はさらに向上した。

FM音源の仕組み 〜独特の合成方式から生まれる金属的サウンド

●周波数変調で新しい波形を作り出す

ある波形（キャリア）を別の波形（モジュレーター）で歪ませることで、複雑な波形を合成するというのがFM音源の基本的な仕組み。右図のように元は正弦波（サイン波）でもFM変調によって複雑な波形が得られるのだ。なお、音を合成するためのオペレーターの数によって、OPN（2オペ）、OPM（4オペ）に大別される。

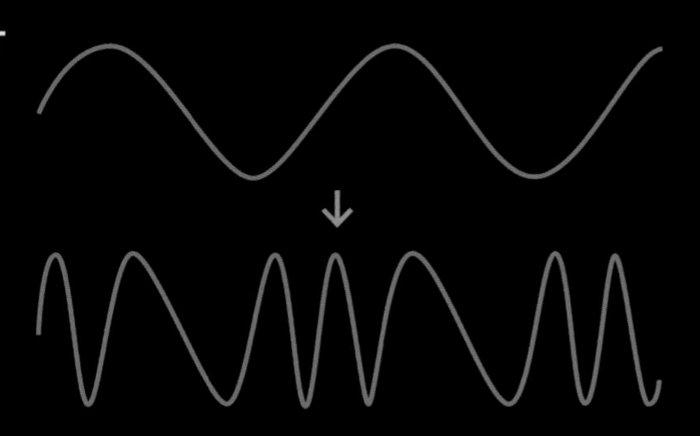

MISSION 04

王道的RPGの戦闘シーン風ミュージック

DATA

ここから
楽曲データを
聴こう

RPGにおけるモンスターの集団など、
敵キャラクターとの戦闘シーンに流れるBGMを作ってみましょう。
参考にしたのは、『ロマンシング サ・ガ3』の「バトル1」です。

「SFC_RPG_Battle90a」のトラックの様子

トラックの詳細

TRACK	PART	ABOUT
1	Drums	ちょい古めのPCMドラム
2	Bass	FM音源系スラップベース
3	Strings	白玉のコード・パート
4	Str Melo	オブリ+メロの補助
5	Brs Melo	やや貧相な金管のメロ
6	Brs Echo	メロのエコー・パート
7	Seq 1	チェンバロのアルペジオ
8	Seq 2	シンセのシーケンス・パート

参考作品

『ロマンシング サ・ガ 3』

(1995年、スクウェア)

スーパーファミコンの成熟期には、RPGの老舗スクウェア（現在スクウェア・エニックス）から多くの名作が登場。各タイトルの音楽も高い評価を得て、サントラCDもヒットし、コンポーザー陣にも注目が集まった。『ロマサガ3』の音楽担当はイトケンこと伊藤賢治氏。

ABOUT SONG

高揚感を煽るアップテンポでハードな曲調

敵キャラとの戦闘シーンには、高揚感を煽るアップテンポでハードな曲調がマッチします。クラシカルな世界観のRPGなら緊張感のある荘厳なオケ曲が多いですが、今回の参考曲はもう少しSF的、現代的なイメージでロック調のリズムを取り入れているのが特徴です。

ドラムはフィルインを多めにし、ベースもルート以外への動きを入れてハデにするのがポイント。また、要所にシーケンス・パターンやアルペジオを入れて賑やかにすると、少ないパートでもバトルにふさわしい激しい曲調に仕上がります。

そして、メロディやコードのパートをオケ楽器で演奏したり、コード進行をクラシカルなイメージでまとめていくとRPGっぽさが出てきます。

全体としては、バロック時代の宗教音楽や往年の英国系ハードロックなどが参考になるでしょう。

ABOUT SOUND MAKE

パートの編成と音色選び

戦闘中は効果音が多いのでパート数は控えめに

この曲も、やはりPCM音源8パート程度のシステムをイメージしつつパート編成を考えていきます。戦闘シーンはSEが頻繁に鳴るため、同時に演奏するパート数は気持ち控えめにしたほうが“らしく”なりますね。

まず、リズム隊には往年のPCMドラムのキットを選び、ベースにはFM音源っぽいスラップベースの音色をチョイス。そこに、メロディの金管として、派手なブラスではなくややチープさを感じるトランペットの音色を使い、エコーパートを加えることでゲーム機の内蔵音源っぽいニュアンスを作ります。

その他の伴奏パートには、コードを演奏するストリングスとシーケンス系の2パートを用意。シーケンスはピコピコ系のPSG音源っぽい矩形波のシンセと、クラシカルなイメージを感じさせるチェンバロの2音色を使い分ける形としました。

POINT.1

宗教音楽的コード進行&バロック調アルペジオ

まず、曲の方向性を示しているのがイントロ（間奏）の「Dm-E7-A7(♭9)-Dm」のコード進行。ここで、ベースを「レ」のままのペダルポイントにすると、響きが宗教音楽っぽくなって神vs悪魔的な戦うイメージが感じられる曲調になります。

また、ストリングスが演奏しているアルペジオのパターンも、バロック系のパイプオルガンやチェンバロにあるフレーズを参考にして、更に雰囲気を盛り上げてみました。

その後に続くストリングスの駆け上がりのフレーズは参考曲にもあるものですが、サンプル曲ではハーフデミニッシュのコードにしてチェンバロを重ねることで、フィールドを移動中に敵と遭遇→戦闘シーンに突入という場面転換の際に流れる効果音のようなイメージを取り入れています。

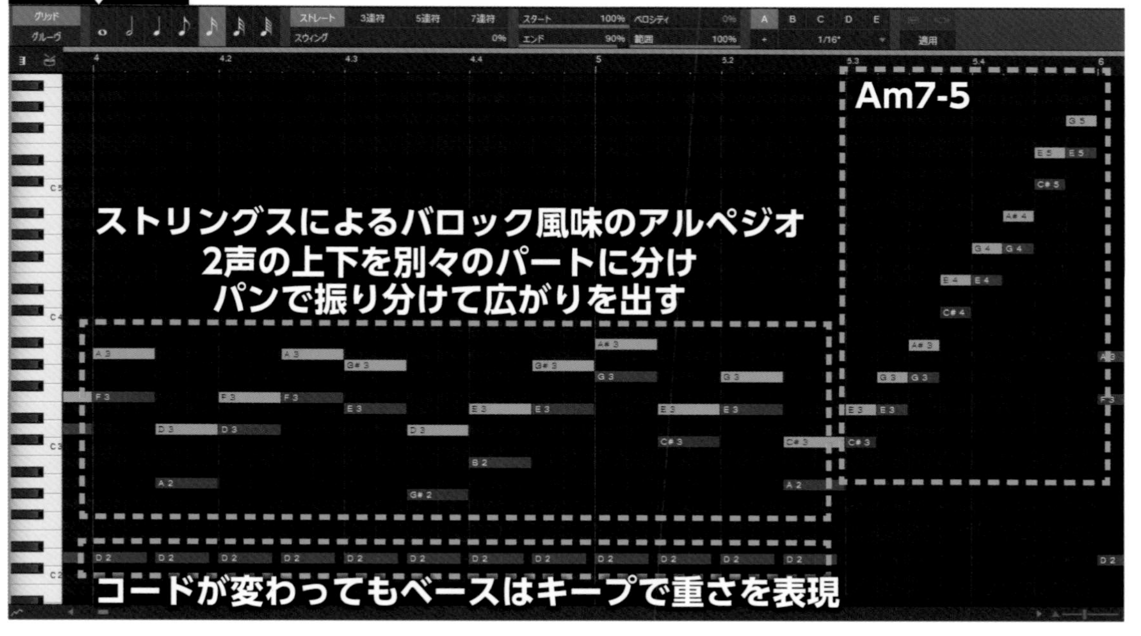

参考曲は結構なボリュームがあるイントロだったが、サンプル曲ではシンプルな4小節パターンを作成。
コード進行とアルペジオで正義と悪（神と悪魔）の戦いっぽい感じを演出してみた。

POINT.2

パート数の少なさをリズム隊で補っていく

SEが頻繁に鳴るタイプのゲームの都合上、どうしてもBGMのパートは希薄になりがちです。サンプル曲も基本的にはドラム、ベース、白玉コード、メロディの4パート編成になっています。

こういった少ないパート数で曲の密度感を高めるには、音と音の隙間に埋めるようにフレーズを詰め込んでいくことがポイントです。

例えばAメロなら、メロディの動きが止まると伴奏のストリングスとベースが動き出して、常に何か賑やかに鳴っている状態を作ります。

また、Bメロのように白玉コード+メロとシンプルなアレンジの部分では、ベースに動きを付けてやるといいでしょう。

具体的には、最初はルートの8分刻みで打ち込んでおいて、後から部分的に5度やオクターブの音に動かしたり、それらを繋ぐようにコードの構成音やスケールの音でスムーズに動かしていくと、ベースラインが作りやすいと思います。

ベースにスラップ系の音色（または、FM音源ベース）を使って動かすと、往年のゲーム曲っぽい雰囲気が得やすい。
アタックの強い音なので、賑やかになりパート数や発音数不足を軽減できるのだ。

MISSION 05

90年代RPG風バトルの王道ミュージック

次々と名作RPGが生まれた90年代前半。
あの時代のサウンドを再現するべく参考にしたのは、
『ファイナルファンタジー V』のBGMの中でも
特に人気の高い「ビッグブリッヂの死闘」です。

「SFC_RPG_Battle90b」のトラックの様子

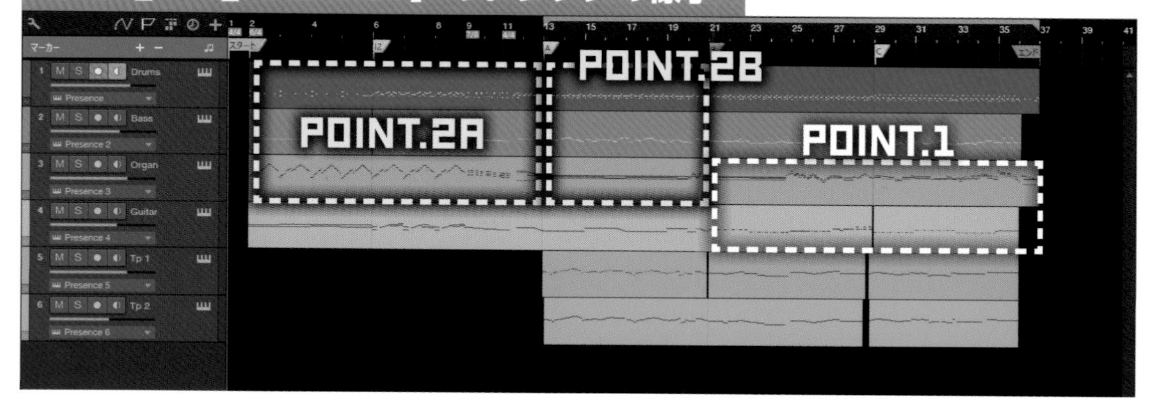

トラックの詳細

TRACK	PART	ABOUT
1	Drums	低容量時代のPCMドラム風
2	Bass	エレキベース
3	Organ	パーカッシブなオルガン
4	Guitar	歪み系のギター
5	Tp 1	メロディ
6	Tp 2	メロのエコー&一部のハモリ

DATA

ここから
楽曲データを
聴こう

参考作品

『ファイナルファンタジーV』
(1992年、スクウェア)

当時エニックスの『ドラクエ』と人気を二分した国民的RPG、『FF』ナンバリングシリーズ第5作目。スーパーファミコンで発売され、約245万本を売り上げる大ヒット作となった。坂口博信氏をはじめ、前作とほぼ同じ主要スタッフが手がけている。音楽はおなじみ植松伸夫氏が担当、数々の名曲が本作で生まれた。

ABOUT SONG

変拍子など
プログレ的なアプローチに挑戦しよう

高揚感を煽るロックなリズムとファンタジーな世界観にマッチするちょっとクラシカルな曲調は、RPGのバトル曲では王道のパターンです。064ページで紹介する『イース』がハードロック調とすれば、こちらは少しプログレが入っている感じでしょうか。単純な4/4拍子でないところや、ギターよりもオルガンがフィーチャーされているあたりにそう思わせる要因があります。

そこで、サンプル曲はそういった記号的な要素を意識して作ってみました。まず、イントロの拍子やリズムといった参考曲の特徴的な部分、伴奏のオルガンとその演奏のパターン、耳に残るメロディのブラス（トランペット）の音などはそのまま取り入れています。また、当時のスーパーファミコンの音源システムならではのLo-Fiなサウンドも雰囲気作りに欠かせないので、できるかぎり再現してみました。

ABOUT SOUND MAKE
パートの編成と音色選び

初期PCM音源のLo-Fiさを再現

スーパーファミコンの登場と共に、家庭用のゲーム機でもPCMサウンドが主流になりました。とは言っても、今（2020年）から約30年も前の音源システムなので、サンプリングレートが低く波形容量も小さいため、後のPCM音源と比べると非常にLo-Fiなサウンドです。

しかし、その個性的な音が8声という発音数の少なさをうまくカバーして、ゲーム曲ならではの味のある楽曲を奏でます。それと、エフェクトとしてリバーブやディレイを内蔵していたので、これまでのゲーム機よりはちょっとリッチな響きが得られるのも特徴的でした。

サンプル曲はドラムに1～2声、ベースに1声、メロディ＋エコー等で2声、オルガンやギターで最大4声くらいを目安にアレンジし、音色は、Hi-FiなPresenceXTのプリセットを元に、ウラ技的なエディットを加えることで、Lo-FiなPCM音源の雰囲気を作っています。

POINT.1

伴奏パートはオルガンが主役！どんどん展開させる

参考曲で琴線に触れたのが、やはりあのオルガン。伴奏パートとしてアルペジオや白玉コード、オブリやハモリ風のフレーズと、曲中でどんどん変化していくことにより、イントロやAメロ、Bメロなどの表情の違いをうまく演出しているところが注目ポイントでした。全体を切り詰めて展開が速いサンプル曲ですが、単調にならないよう参考曲を参考に、オルガンを活躍させています。

一方、Bメロ以降はオルガンがコード・パートからオブリっぽいパターンへと展開していくので、バックを支えるパートとしてギターをフィーチャー。Aメロの地味なロングトーンの演奏に対して、Bメロからは前に出てきてハードロック（メタル）系でお馴染みのパワーコードでザクザクと刻むイメージです。リズムにメリハリを付けるため、ブリッジミュート相当の音を短いノートを打ち込んだのがポイント。

Bメロ以降のオルガンは、これまでの白玉のコードから4小節ひとまわりでパターンが次々と変化していく。

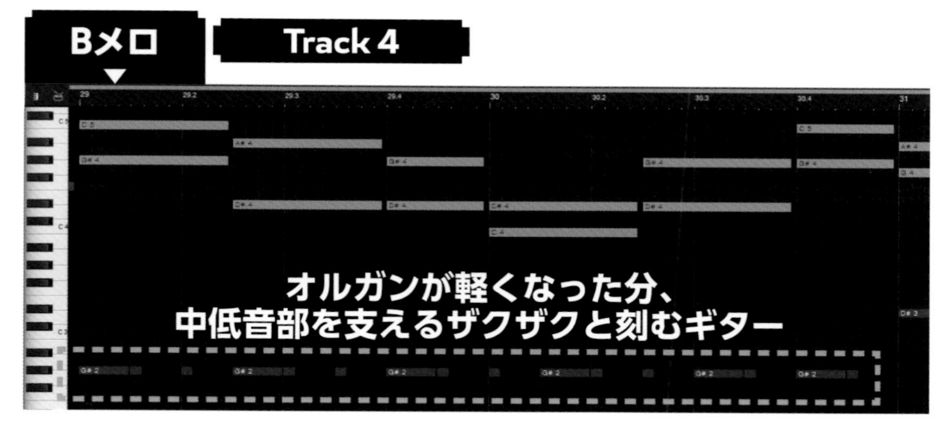

音域が高くなり動きもハデになるので、ギターで下から支えることでバランスを取っている。

POINT.2A

印象的なイントロと以降のAメロ～B/Cメロのメリハリを作る

参考曲は、イントロとそれ以降の主要部分とで印象がガラリと変わるのが特徴。サンプル曲にもその要素を取り入れています。

その違いを感じるポイントは、“拍子”と“コード進行”です。イントロは4拍＋2拍の6拍子でひとまわりなので、まずはその拍子と激しいリズムを再現します。そしてコード進行はコードとベース、アルペジオが重なって緊張感のある響きになっているので、sus4やオンコードを使うことで雰囲気を踏襲します。

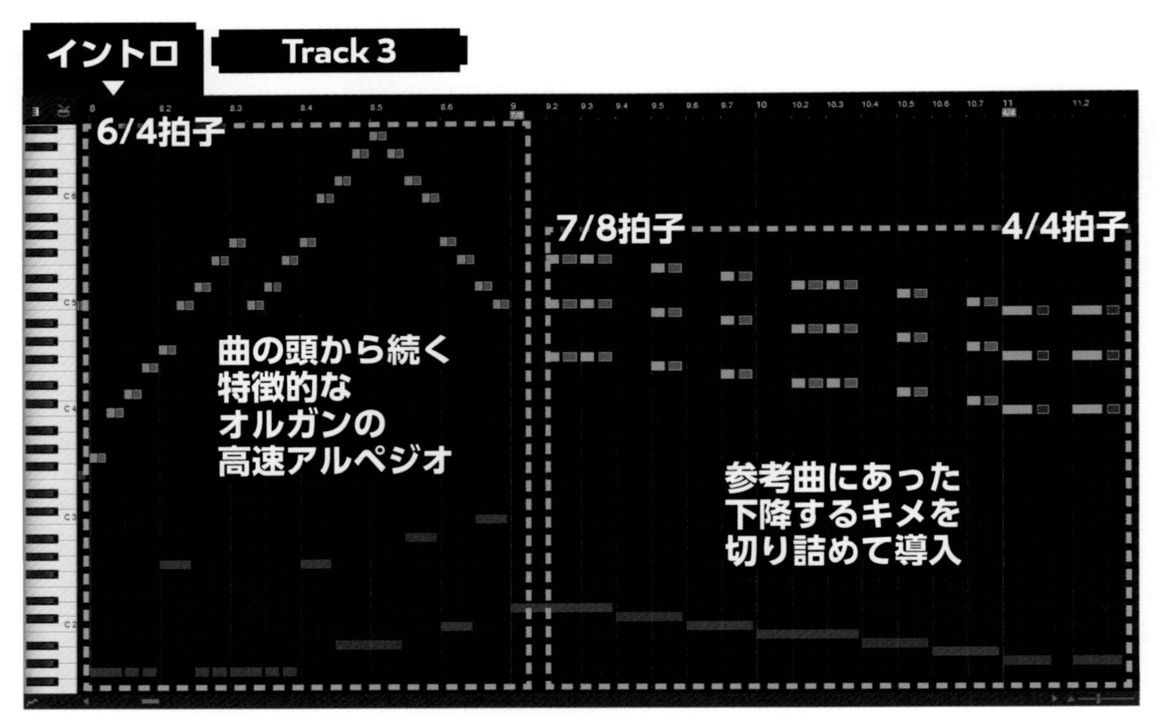

とにかく激しく音が動くイントロ。フレーズの変化に合わせて拍子も6/4拍子、7/8拍子、4/4拍子と変化。

POINT.28

「IV-I」の進行を転調しながら下降する定番パターン

一方、AメロからBメロ以降はシンプルな4拍子の8ビートに乗せて、オーソドックスなコード＆コード進行で展開していきます。

Aメロは短調で、「I-IV-V7-I」のように動き、少々クラシカルなイメージに。

Bメロからは、参考曲では大胆な転調をしていますが、サンプル曲では4小節単位の「IV-I」の進行を転調しながら下降していく定番パターンにして、オリジナリティを加えています。

Cのセクションでは、2パート目はメロのハモリにして、3パート目のベースでコードのアルペジオを演奏することで前半とは異なる展開としている。

COLUMN

5分でわかった気になる ゲームミュージックの歩み 03

PCM音源 ['90年代前半〜]

サンプリングの一般化で豊かなサウンド表現が可能に

PCM（pulse code modulation）は、録音時にアナログ信号をデジタルデータ化して記憶し、再生時は再びアナログ信号に変換して鳴らすサンプリング技術の１つだ。前述したように、FM音源全盛期にもリズム音など短い単発音ではPCM音源は使われていたが、いずれ波形を自由に取り込んで鳴らせるPCM音源が主流となるのは自明であった。先鞭をつけたのはナムコのアーケード用基板「システムII」で、『アサルト』『ワルキューレの伝説』で聴けるゴージャスで表情豊かな音色は、多くのゲーマーを驚かせた。

家庭用機でフルに使えるPCM音源を搭載した先駆けはスーパーファミコン。サウンドに割けるデータ容量の制限もあり、あまりリッチな環境ではなかったが、『伝説のオウガバトル』『ファイナルファンタジーV』といったシンフォニックなサウンドを表現するにまで至った。

セガサターンやプレイステーションなど、容量に余裕のあるCD-ROM搭載のゲーム機では、搭載チップの性能向上とも相まってCDクオリティに近い発音が可能に。『パラッパラッパー』『beatmania』など、音楽演奏を中心としたゲームがブームとなった。

PCM音源の仕組み 〜音をサンプリングして鳴らす

●生音が鳴らせることで表現がより豊かさを増す

楽器の演奏音やシンセの音色など、外部の生のサウンドを録音（サンプリング）し、デジタル化した上で音色として再生する方式。従来のアナログ／デジタルシンセサイザーでは難しい自然音を鳴らせるようになり、それまでの“音作り”とは異なるサウンド環境を実現した。

MISSION 06

RPGに似合うハードなロック調ミュージック

パソコンでのゲーム文化が盛り上がった80年代。
その中でも特に音楽的な評価の高いアクションRPG
の名作『イース』シリーズ。参考曲は「Ⅲ」の
ティグレー採石場で流れるBGM「Be Careful」です。

DATA

ここから
楽曲データを
聴こう

「PC_RPG_Battle」のトラックの様子

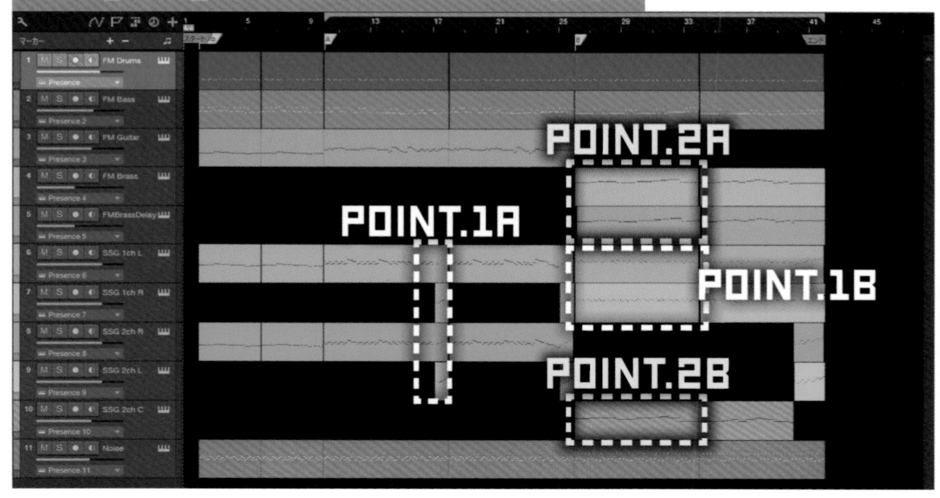

トラックの詳細

TRACK	PART	ABOUT
1	FM Drums	シモンズ風エレドラ
2	FM Bass	FMらしいE.Bass
3	FM Guitar	歪み系シンセギター
4	FM SynBrass	ソフトなシンセブラス
5	FM SynBrass Sub	シンセブラスのディレイ
6	PSG 1	アルペジオ（Lch）
7	PSG 1 Sub	擬似ディレイ（Rch）
8	PSG 2	アルペジオ（Rch）
9	PSG 2 Sub 1	擬似ディレイ（Rch）
10	PSG 2 Sub 2	メロディのハモリ（Bメロ）
11	Noise	シンバル&ハイハット

参考作品

『イースⅢ - ワンダラーズフロムイース -』
(1989年、日本ファルコム)

アクションRPG『イース』シリーズの第3作目で、初の横スクロールアクション。最初に発売されたPC-8801mkIISR版をはじめ、多くのプラットフォームに展開された。現在に至るまで多くのファンに愛されているBGMは、Falcom Sound Team J.D.K.および、その初代リーダーである石川三恵子氏が担当。

ABOUT SONG

8ビートのロックに教会音楽的な響きを加える

RPG系のBGMというと、『ドラクエ』に代表されるようなオーケストラをイメージしたクラシカルな曲調が主流です。しかし『イース』では、ポップスやロックを意識した曲が用いられており、ノリが良くハードな曲調はフィールドやボス戦を大いに盛り上げました。同じロック調でも、074ページの『アフターバーナー』がアメリカンロックとすれば、こちらはブリティッシュ・ハードロックのテイストです。

具体的には、調性は短調でアップテンポな8ビートとザクザク刻むギターで骨格を作り、そこにチェンバロ的なアルペジオや、V-I進行にsus4を絡めた教会音楽的な響きを加えると、雰囲気が出てきます。また、この時代はエコーパートやデチューン、パンポットの操作など、ゲームミュージック的な打ち込みテクも多用されているので、その辺も取り入れると更に「らしさ」がアップします。

ABOUT SOUND MAKE

パートの編成と音色選び

FM音源の割り当てがポイント！

80年代にNECから発売されていたパソコン『PC-8801』や『PC-9801』の内蔵音源は、ファミコンと同じPSG音源にFM音源を追加/拡張したものです。そこでサンプル曲では、PSGが3声、FMが6声という80年代後期の内蔵音源をイメージしたパート編成にしてみました。

主軸となるFM音源パートでは、まず、ドラム（キック＋スネア＋タム）にシモンズ風のエレドラの音色を、ベースにFM音源らしいエレキベースという当時の定番音色を選びます。そして、残りのFMパートは、ディストーション・ギターとシンセブラスの音色をメロディに割り当てました。

一方、PSG音源では、2声を使ってアルペジオ＋αのパートを担当、残り1声をノイズとして使い、ハイハット＋シンバル相当を加えています。音色選びは、PSG系は矩形波を元にしたプリセット音色、FM音源系はPCM音源の近似のプリセット音色を加工して利用すればいいでしょう。

POINT.1

2声のPSGパートをバッキングで有効活用する

PSG音源相当の2つのパートでは、2声でハモるアルペジオでバッキングを演奏しています。

注目してほしいのは、それぞれのパートをパンでLch、Rchに振り分けてステレオ感を演出している点。

そしてもう1つ重要なのが、メロディの合間に入るオブリ的なアルペジオで用いた"擬似ディレイ"のサウンドです。具体的には、ノートの長さを半分にして隙間を作り、そこに音量を下げた同じ音程のノートを挿入することで、エフェクターを使わずにエコー効果を作り出しています。

続くBメロからは、PSGパートはアルペジオ（左定位）＋メロのハモリ（中央定位）となって、そのままでは片チャンネルが欠けてしまいます。そこで、アルペジオのパートで先程の擬似ディレイを応用し、エコーの音を右に振り分けて、1声でも左右から音を鳴らしてステレオ感を保つようにしました。

アルペジオの2つのパートは、それぞれ右と左に振り分けている。また、擬似ディレイを使い、通常バッキングとオブリ的なフレーズのメリハリを付けてみた。

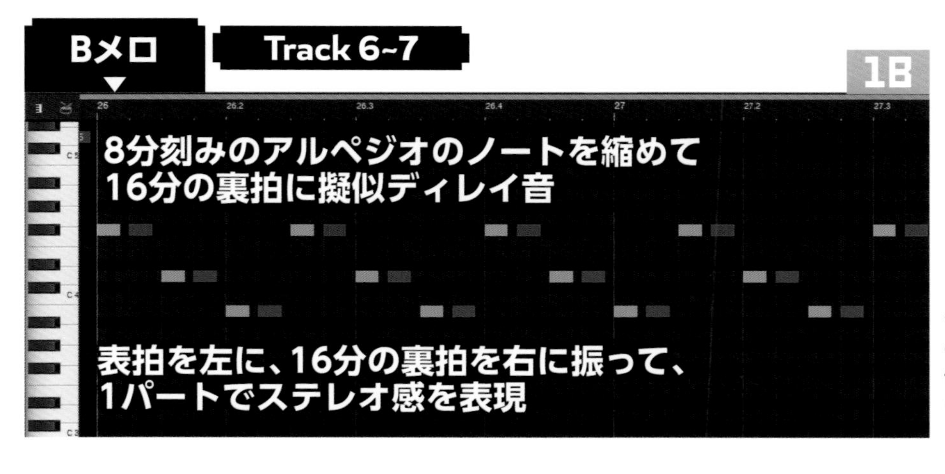

1つのパートながら、本来のアルペジオのノートと擬似ディレイのノートを左右に振り分けることで、ステレオ感を表現している。

POINT.2

Bメロはユニゾンのメロ・パートで擬似ディレイ＋コーラス効果を作る

ギターによるハードなAメロのメロから一転、Bメロでは柔らかなシンセブラスがメロディを担当します。こちらは、Track4 ～ 5の2パートで同じフレーズを打ち込んだ後、一方を16分音符ほど遅らせつつ音色にビブラートをかけることで、擬似的にディレイ＋コーラス的な効果を作って音に厚みとツヤを加えています。後者のエコー・パートについては、ピッチベンドを利用してデチューンしてもいいですね。

そして、PSGパートのハモリには、POINT.1Aで紹介したPSGパートの擬似ディレイのテクを応用して、ノートの最後に16分や8分の隙間を作り、そこに音量を下げた短いノートを挿入してリバーブっぽい響きを加えてました。

いずれも、パート数の少ないパソコンやゲーム機の音源でリッチなサウンドを得るための定番テクニックですね。

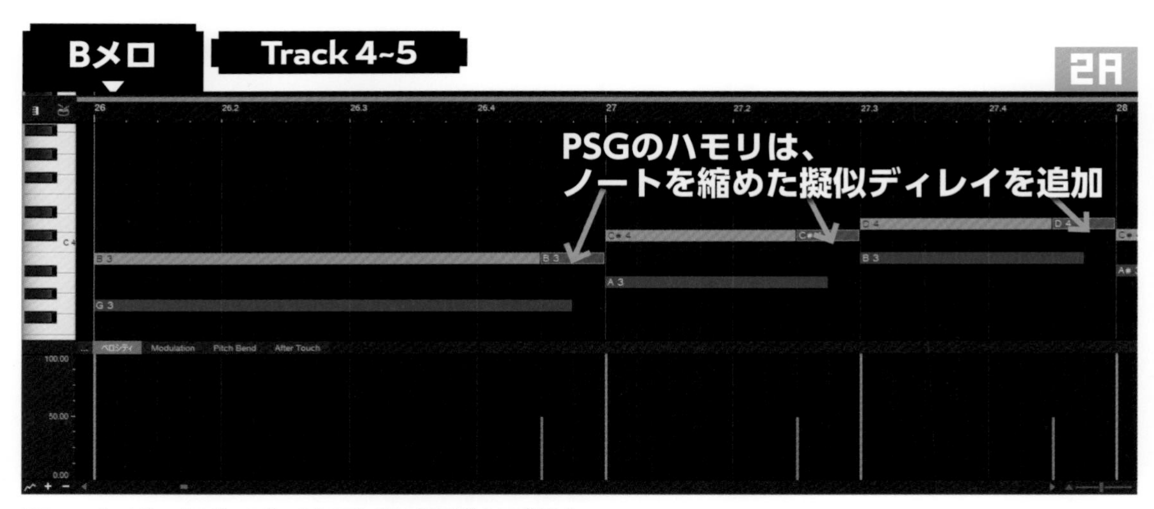

エコー・パートは、メロディのデータをコピー後に全体を後ろにズラした。

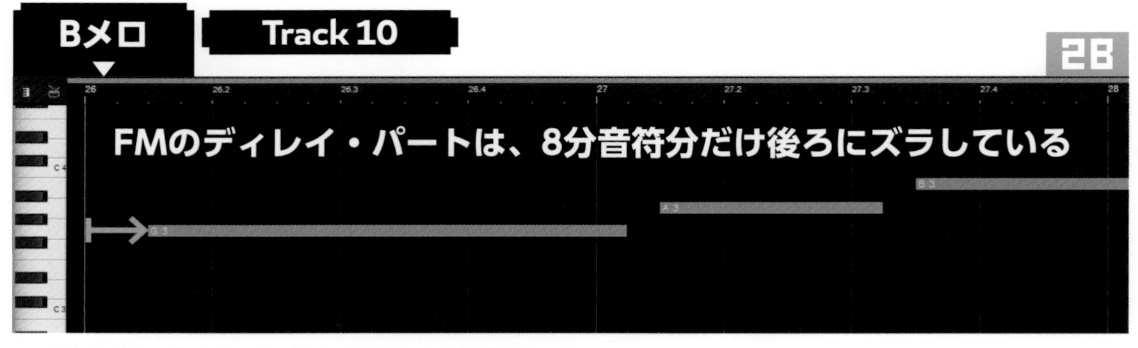

ハモリのパートは、ノートの長さを調整して擬似ディレイを挿入している。

MISSION 07

高揚感あふれる横スクロールシューティング曲

ここでは、80年代に流行した横スクロール型シューティング・ゲームのBGMを作ってみましょう。
参考にしたのは、往年の名作シューティング『グラディウス』から「第1ステージ（火山面）BGM」です。

INTRODUCTION
TUTRIAL
STAGE 01
STAGE 02
STAGE 03
BONUS STAGE

「AC_Shooting」のトラックの様子

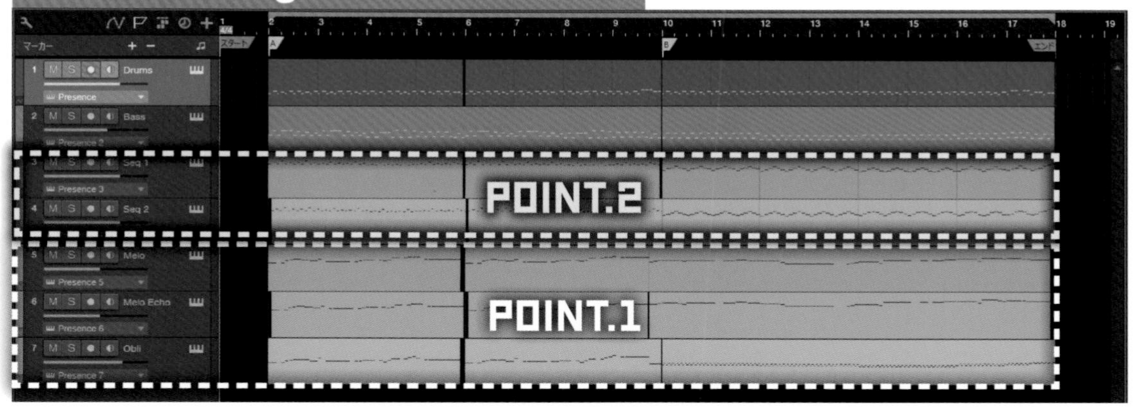

トラックの詳細

TRACK	PART	ABOUT
1	Drums	Lo-Fi PCMドラム
2	Bass	シンセベース
3	Seq 1	FM系キラキラ・シーケンス
4	Seq 2	FM系キラキラ・シーケンス
5	Melo	PSG系矩形波その1
6	Melo Echo	PSG系矩形波その2
7	Obli	PSG系矩形波その3

DATA

ここから楽曲データを聴こう

参考作品

『グラディウス』

(1985年、コナミ)

アーケード版のヒットを受けてファミコンやMSX、X68000など数多くのハードに移植された、横スクロール型シューティングゲームの金字塔。その後多くのシリーズ作品や後継作品が発売されている。東野美紀(MIKI-CHANG)氏によるBGMも高い評価を受けた。

ABOUT SONG

爽快感あふれる シューティングゲームのBGM

サンプル曲は序盤のステージをイメージしたもので、「さあ、行くぞ！」的な高揚感と、凶悪な弾幕に晒される前の余裕みたいなものを感じさせる曲としてみました。曲調は、当時の流行に合わせてアップテンポなロック〜フュージョンっぽいインストを意識して作りましょう。

ちなみに、初代『グラディウス』の第1ステージ（火山面）を参考にしていますが、コナミの横シューティングに多い「3連のリズム」を取り入れてみました。曲の本体のほうは、ダイアトニック・コードから外れて借用和音を混ぜたコード進行（「C-B♭-A♭-G」や「A♭-B♭-C」など）を元にすると雰囲気が出てきます。なお、発音数に制限があるゲーム機ではコードそのものを演奏するのは厳しいので、メロのハモリやアルペジオでコード感を補うようなアレンジにするとゲーム曲らしさがUPします。

ABOUT SOUND MAKE

パートの編成と音色選び

PSG音源とFM音源のサウンドを使い分けよう

まず、当時のアーケード機の音源スペックを8声＋αくらいの発音数と設定。波形メモリ音源など各社独自の音源システムを内蔵してましたが、ここではオーソドックスにPSG＋FM＋PCMのイメージでパートの割り振りと音色を考えてみました。まず、PSGを想定したパートは、鋭いパルス波でメロディとそのエコーのパートを演奏。そこに矩形波でハモリのパートを加えた3声編成とします。FMを想定したパートでは、ベース（1声）とアルペジオ（2声）を担当。特にPresenceXTのプリセットをエディットしたキラキラしたアルペジオ音色は結構いい雰囲気が出てると思います。このアルペジオは、1トラックで2声の和音にするのではなく、1声ずつ別トラックに打ち込んでパンで振り分けてステレオ効果を狙ってます。最後に、PCMを想定したパートはドラムに使用、ここでは1声のみを使い、キックとスネアを交互に打つパターンを基本に、隙間にハイハットを入れていくイメージで打ち込んでます。音色は、今風のリアルなものではなく、黎明期のPCMドラムような粗めのものを選択するといいですね。

POINT.1

同じ音色の3声を使い分けて異なる表現を作る！

サンプル曲のTrack5 ～ 7にあたる「Melo」「Melo Echo」「Obli」の3つのトラックには、Track5、6にパルス波、Track7に矩形波をイメージした音色を割り当てています。

まず、Aメロでは、オーソドックスに「メロディ」「エコー」「ハモリ」の3パートとして使用。音色側でディレイビブラートがかかるようになっているので、エコーパートが重なると自然なデチューン効果が得られて、よりキレイに響くのがポイントです。

Bメロからは、Aメロと音色を変える意味で「Melo Echo」パートの役割をエコーから「メロのオクターブ・ユニゾン」に変更。Aメロのような艶はないものの、矩形波よりも硬質なパルス波の音を更に鋭く硬くしています。そして、「Obli」パートはハモリから「高速のアルペジオ」に変わり、"伴奏側"としてコードの響きを補佐します。こんな風に、同じ音色のままでも役割をガラリと変えることで、場面の違いを表現できます。

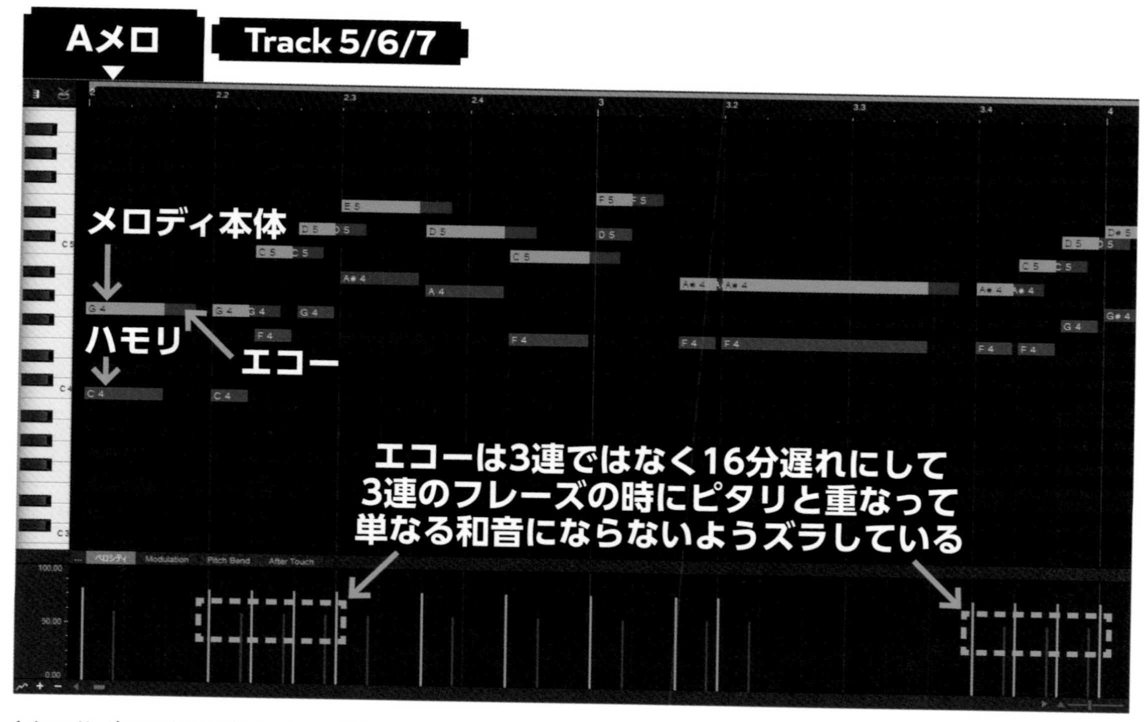

Aメロでは、主メロを中心にエコーとハモリを加えて、3パートが渾然一体となってメロディを奏でる。
エコーの遅れ量、主メロと他パートとの音量バランス、各パートの定位などに注意。

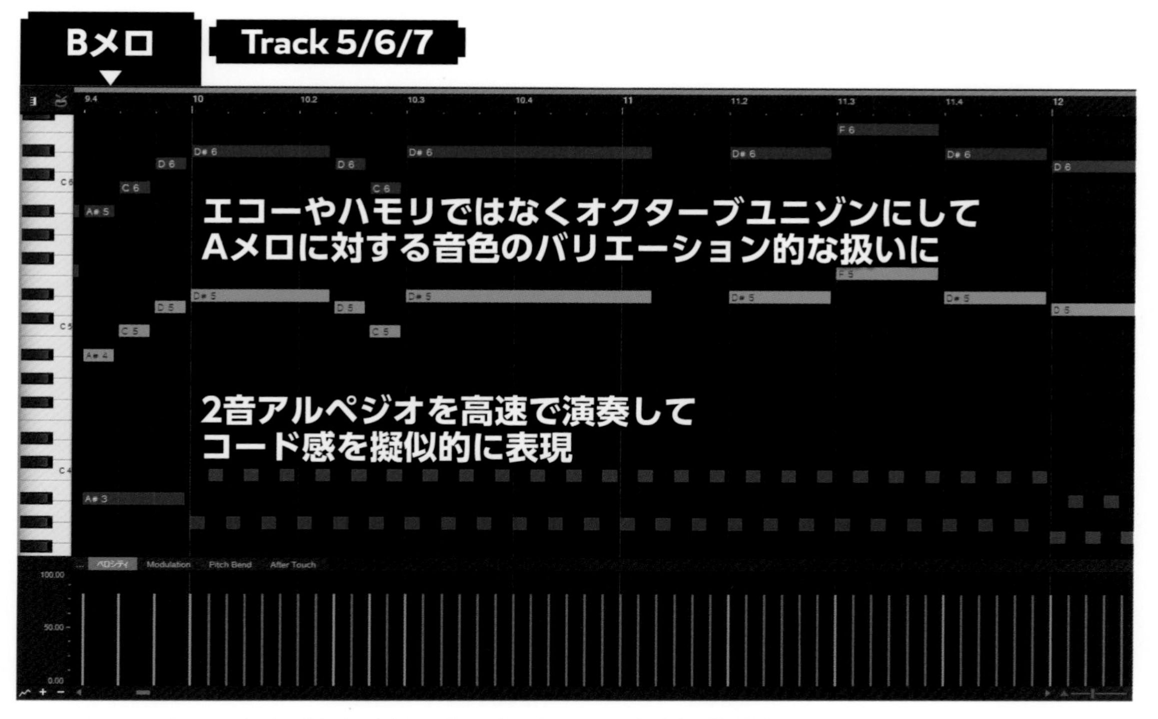

Bメロでは、Track6をエコーパートの代わりにオクターブユニゾンにして、メロディ音色の質感を変えてみた。
Track7はメロ側から伴奏側に役割を変え、コードの2音を交互に演奏するアルペジオに。

POINT.2

リズムの音色&パターンとベースの動きで“らしさ”を

発音数の少ないゲーム機では、コードをアルペジオとして打ち込むのが定番アレンジの1つです。サンプル曲ではTrack3「Seq1」とTrack4「Seq2」でアルペジオを鳴らしています。

まず、Aメロでは、2つのボイスを使って単音のアルペジオ+エコーパートを演奏しています。メロディのように響かせる目的ではなく、スタッカート気味で打ち込んで左右に振り分けることで、音を左右にキラキラと飛ばすのが目的です。また、エコーパートのほうを1オクターブ上にすると、さらにキラキラ感がUPしますね。

一方、Bメロでは曲の展開を強調する意味も含めて、2声による和音のアルペジオへとパターンを変更しています。レガート気味で打ち込むことでAメロとの違いを強調しつつ、コード感をキチンと出していきます。

なお、同じ2声を使うにしても、単純に白玉和音を鳴らすのではなく、アルペジオのほうが動きもあって響き的にもリッチなので、オススメです。

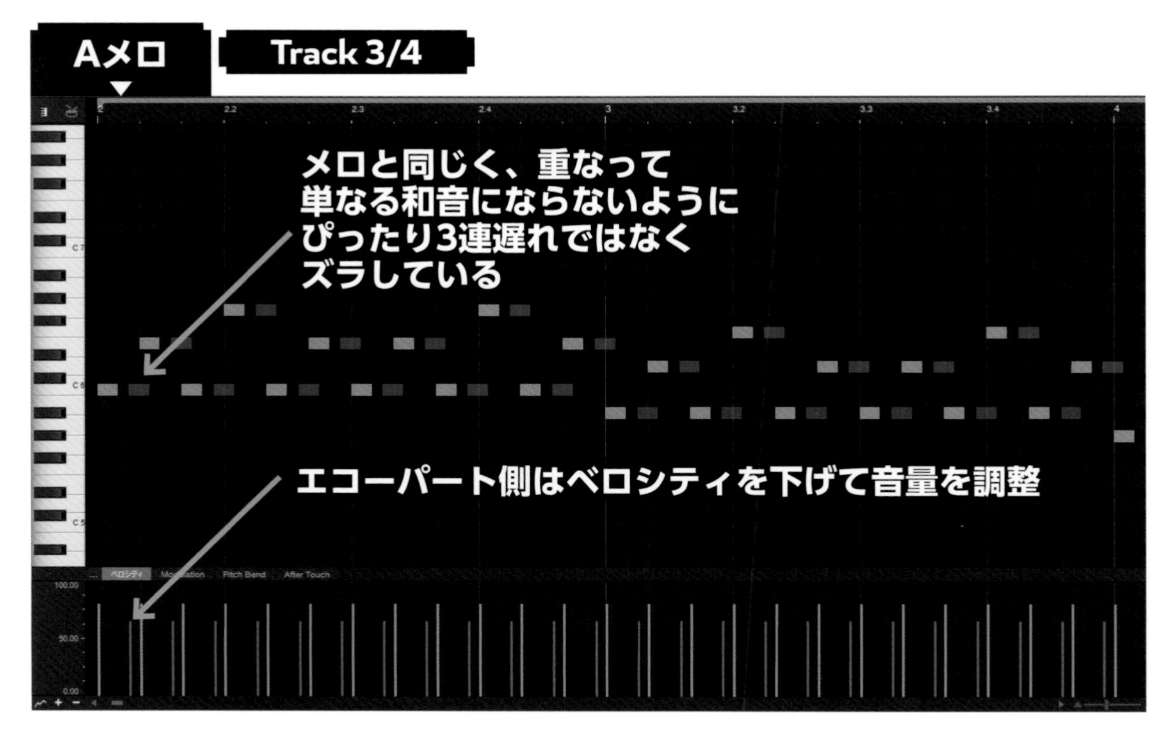

Aメロは、基本はTrack3「Seq 1」の1声のアルペジオで、「Seq 2」は16分音符の1つ分遅れのエコーパートとなっている。
2パート使って左右に飛ばしているが、パート節約したいなら、1パートに打ち込んで強弱を付ければエコー感の表現は可能だ。

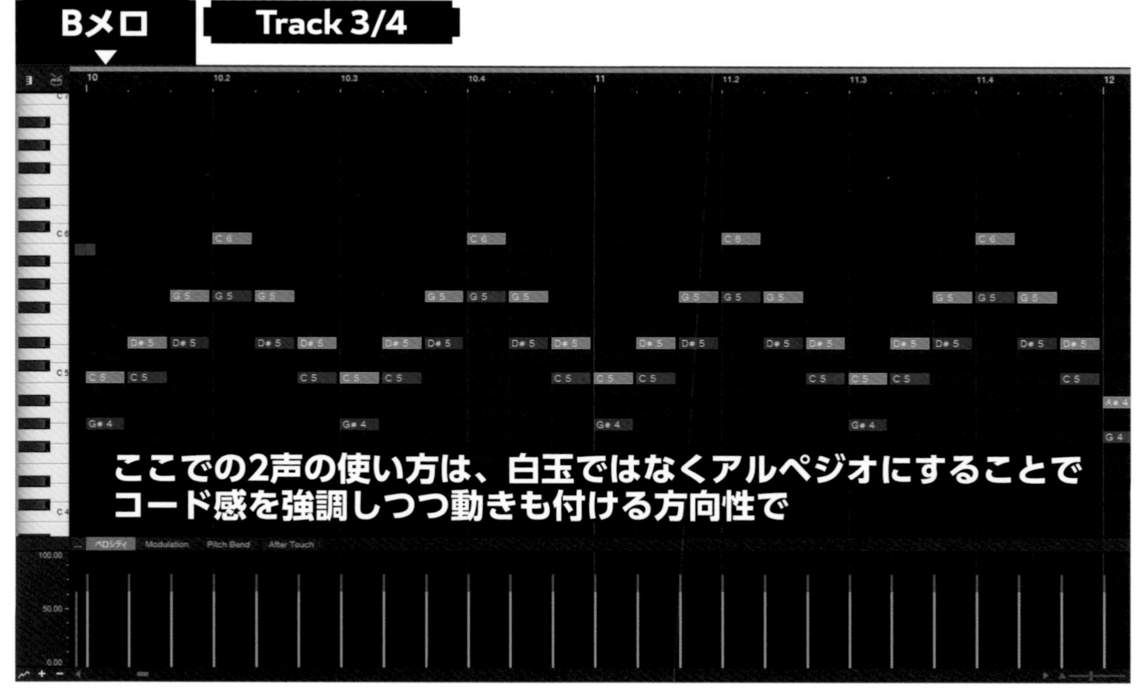

もちろん、2声を1声ずつアルペジオとエコーに振り分けるだけでなく、２声の和音として演奏することも可能だ。
DAWなら1パートで2声を演奏できるが、1声ずつ別パートに分けてパンで振ったほうがゲーム機っぽい雰囲気が出るし、音に広がりも感じられる。

COLUMN

5分でわかった気になる ゲームミュージックの歩み 04

STREAMING再生 ['00年代前半〜]

大容量のオーディオファイルを自由に抜き差し

セガサターンやプレイステーションでもある程度は使用されていたが、ドリームキャストやプレイステーション2といった世代のハードとなると、さらなる処理能力の向上もあり、あらかじめ作成されたオーディオデータを逐次メモリ上に読み込み、再生する「ストリーミング方式」が増えてくる。

録音済みの"完パケ"サウンドを複数同時にストリーミング再生し、特にリアルタイム性が必要な効果音を内蔵音源で鳴らすという形が主流。携帯ゲーム機でも、BGMのストリーミング再生は可能で、生演奏が前提のものも含め、より多彩なジャンルの音楽をゲーム中に流せるようになった。

ゲームと音の関連でいえば、それまでのステレオ2chだけではなく、5.1chサラウンド環境が採用されるようになったのも近年の特徴。ゲームの映像的な表現の進化にあわせ、より音に対する要求が強くなってきた結果とも言えるだろう。しかし、この進化がゲームミュージックの"普通のBGM化"を進めた側面もある。その反動からかPSGやFM音源（風）のサウンドを用いて、ゲームらしさを表現しているタイトルも登場している。

ストリーミング再生の仕組み 〜DAWなどで曲を作り、そのまま再生

●オーディオに書き出した完成楽曲をそのまま使える

ストリーミング再生では、あらかじめ録音したオーディオデータをそのまま再生する。この手法ではDAWソフトなどで作成したそのままの完成楽曲を流せるため、音楽の基本的な制作手順については、映画やドラマなど他ジャンルにおける曲作りとの差はなくなっている。

MISSION 08

爽快感あふれるドッグファイト風ミュージック

80年代に人気を博した動くアーケード筐体。
参考曲は、縦/横スクロールSTGにはない
3D視点が新鮮だった『アフターバーナーⅡ』より、
ミッション中のBGM「Final Take Off」です。

「AC_DogFight」のトラックの様子

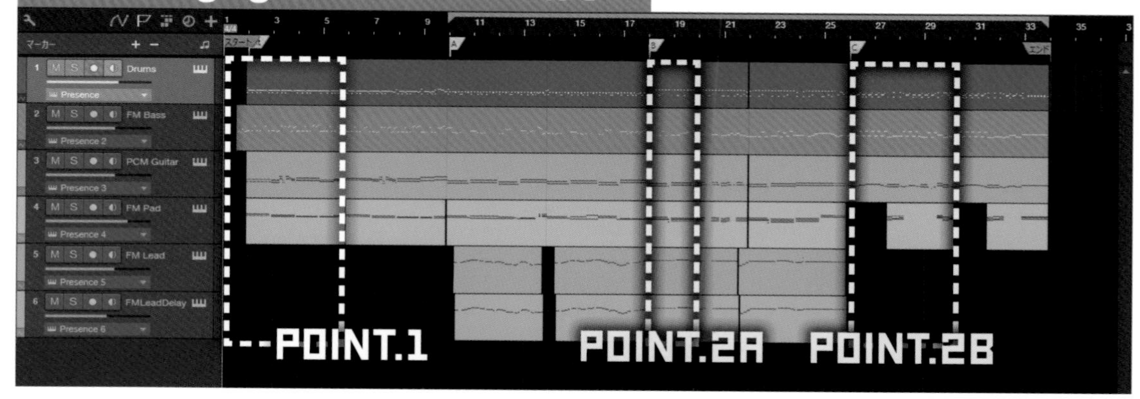

トラックの詳細

TRACK	PART	ABOUT
1	Drums	Lo-Fiなドラム or エレドラ
2	FM Bass	FMらしいE.Bass
3	PCM Guitar	Lo-Fiな歪み系ギター
4	FM Pad	シンセブラス
5	FM Lead	メロディ (Mute)
6	FM Lead Delay	メロディのディレイパート (Mute)

DATA

ここから
楽曲データを
聴こう

参考作品

『アフターバーナーⅡ』
(1987年、セガ)

『バーチャファイター』を手掛けた鈴木裕氏による、大型筐体を用いた体感ゲーム。戦闘機に搭乗し、敵とドックファイトを繰り広げる3Dシューティング。『ハングオン』『スペースハリアー』『アウトラン』に続いて、長く愛されるヒット作となった。Hiro師匠こと川口博史氏による熱いBGMも、根強い人気を誇る。

ABOUT SONG

“メロディ抜き”でカラッと明るいアメリカンロックを作る！

参考にした『アフターバーナー』のBGMは、当時のゲームミュージックとしては珍しいロック調のアレンジでした。戦闘機を操ってシューティング……という共通点から、当時の洋画『トップガン』あたりの影響もあったのでしょうか。楽曲の方向性としては、イギリス方面のハードロックではなく、もう少しポップでカラッと明るいアメリカンロックのテイストとなっています。その辺のカラーを作っているのが、16ビートを絡めたリズム隊とメジャーキーの曲調ですね。また、大きな特徴として、メロディパートがない点にも注目（サントラCDや移植版、続編ではメロディ付きのバージョンもありますが）。サンプル曲はBGMに徹する意味で、メロ（FM Lead ～と付く2パート）をミュートしています。ただ、データとしては収録してあるので、興味のある人はミュート解除してみてください。

ABOUT SOUND MAKE
パートの編成と音色選び

FM音源とPCM音源で当時の雰囲気を再現

当時のアーケード機の音源システムは、FM音源6～8声＋PCM音源1～2声といったものでした。サンプルではギターとドラムの金物をPCM音源で、それ以外をFM音源という分担をイメージしています。

当時のサウンドらしさを感じさせるポイントは、FM音源を使ったエレキベースと、シモンズ風のエレクトリックドラムの音でしょうか。FM音源を再現したソフトシンセや、往年のドラムマシンの音色を収録するドラム音源が用意できればベストです。

ギターについては、リアルさよりも低スペックPCMらしさを感じる音のほうがいいので、マルチ音源などのチープなギター音色を加工すると雰囲気が出ます。そこに、アナログのポリシンセをイメージしたノコギリ波系のシンセブラスを重ねてやると、80年代風アメリカンロックなゲームBGMができあがります。

POINT.1

シンコペーションのリズムと よく動くベースでドライブ感を表現

シンプルなパート編成のサンプル曲で要となるのが、ドラム＆ベースのリズム隊です。まず、グングンと前に進んでいくドライブ感を演出しているのが、イントロ～Aメロで多用している、小節をまたぐシンコペーションのリズム。16ビートを強調したドラムのパターンですが、16分で食うところと8分で食うところを作って変化を付けることにより、シンコペーションに耳が慣れてしまうのを回避しているのがポイントです。

ベースのほうは、ドラムのキックの位置をアクセントにし、鳴らす/止めるのメリハリを入れた変化のあるフレーズにしました。また、ギター＆シンセの動きが少ないのを補う意味で、オクターブや5thや7thを絡めたスラップベース的なパターンに、フィルインっぽく打ち込み的な動きを入れてハデな演奏にしています。

シンコペーションとベースの動きが、ドライブ感あふれるノリを作るためのポイント。
リズム隊の"密度"を上げることで、パート不足の薄さを補っている。

POINT.2

Bメロ以降はリズム隊の表情を変えて曲の展開を作っていく

参考曲/サンプル曲共にメロディがないため、途中で間がもたなくなり、BGMと言えども飽きてしまいます。そこで、Aメロ、Bメロ、間奏部分でそれぞれ流れを変えてみましょう。

POINT.1で解説したように、イントロからAメロまでは16ビートとシンコペーションでノリノリで進んでいます。そこで、Bメロからはドラムのテンポ感を倍に伸ばす定番パターンを入れて軽くクールダウンを図ります。

続く間奏では元のテンポ感に戻るものの、拍を強調するドラムのパターンと8ビート的なリズムを刻むベースによって、Aメロとは違ったノリを作って変化を出しました。

いずれも、参考曲でも用いられているアレンジですが、どちらかといえばゲーム曲ではなく、ロック／ポップス曲では定番アレンジの手法ですね。音源的な制約はあるものの、普通に「打ち込みでロックをやる」つもりで作ればいいと言えるでしょう。

Bメロ相当は、ドラムのパターンをAメロの倍に引き伸ばしてゆったりとしたテンポ感で演奏する、展開部によくあるアレンジに。

続くCメロ（間奏相当）は、8ビートっぽいリズムにして、ここまでの流れとは違うノリを演出してみた。

MISSION 09

必殺技が飛び交う激しい曲調の2D格闘曲

DATA

ここから楽曲データを聴こう

1990年代に、アーケードから火が付き、
家庭用でも盛り上がった格闘ゲームのBGMを作ってみましょう。
参考にしたのは、『ストリートファイターⅡ』から、「リュウステージ」の曲です。

「80s_Shooting」のトラックの様子

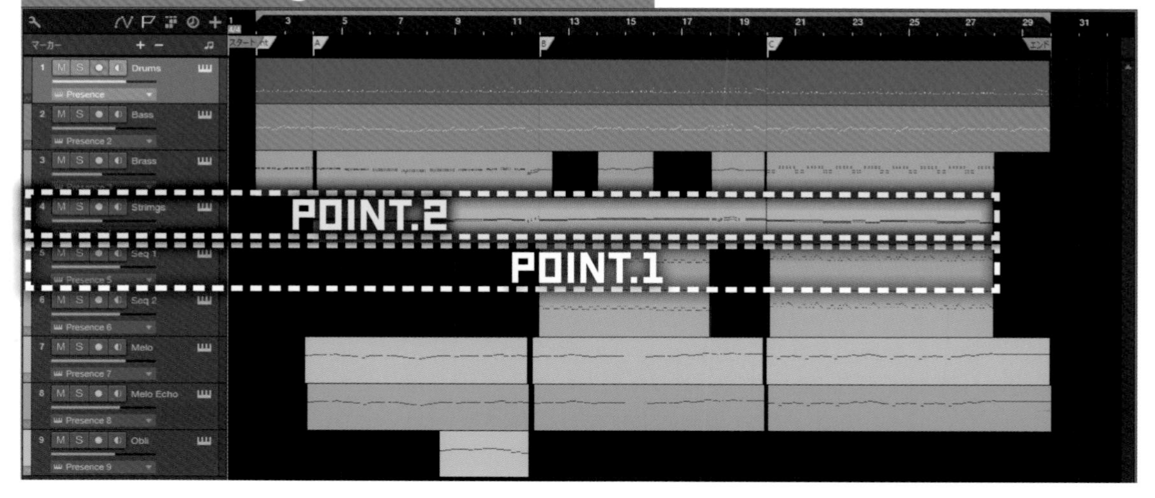

トラックの詳細

TRACK	PART	ABOUT
1	Drums	派手な音色のドラム
2	Bass	動きの激しいFMベース
3	Brass	リズミカルに刻むブラス
4	Strings	白玉系（伴奏のコード）
5	Seq 1	シーケンス その1

TRACK	PART	ABOUT
6	Seq 2	シーケンス その2
7	Melo	メロディ（シンセブラス）
8	Melo Echo	メロのエコーパート
9	Obli	Aメロ後半の輪唱風のオブリ

参考作品

『ストリートファイターⅡ』

（1991年、カプコン）

90年代に日本中のゲーマーを熱狂させた2D格闘ゲームの大ブーム。その火付け役にして頂点とも言えるのが、いわゆる『ストⅡ』シリーズだ。個性的なストリートファイターたちの背景を感じさせるステージBGMは、当時カプコン所属のぴぃ♪こと下村陽子氏らが担当。

ABOUT SONG

登場キャラクターの国籍を想起させるステージBGM

プレイ中（格闘中）に流れるので、高揚感を煽るようなタイプの曲にするのが基本。更に、キャラクターの国籍を感じさせる曲が多いところが格闘系BGMならではの特徴です。

例えば、日本、中国、アメリカ、インドなどの民族音楽的な特徴や定番の楽器のサウンドを取り入れることで再現しています。参考にした『ストⅡ』のリュウステージのBGMは、曲調では日本をさほど感じさせないものの、さりげなく拍子木や鼓の音を入れて日本をアピールしていますね。

曲調は、ちょっと熱血系アニメの主題歌っぽいイメージで、激しいリズム隊、影のあるコード進行、泣きのメロディといった要素を入れていくといいですね。また、サビ前の大げさなキメなども記号として取り入れていくと、雰囲気作りに有効でしょう。

ABOUT SOUND MAKE

パートの編成と音色選び

FM音源～ PCM音源でバンド編成を再現する

音源システム的にはFM音源からPCM音源の過渡期あたりのイメージ。

ドラム音色は、当時流行ってたリバーブが深いスネアやエレドラのタムを使いたいところですが、残念ながらPresenceXTのプリセットに無いため、エフェクト処理された生ドラムの音色で代用しています。ベースは、これも当時のゲーム曲でよく使われていたFM音源らしいアタックの強いエレクトリックベースの音色を選んで、激しいベースラインを演奏させます。上モノは、ストリングスの白玉とブラスの刻みで最小限のコードパートを鳴らし、そこに細かいシーケンスパターンを絡めて音の密度を上げていきます。メロは、ブラス系の音色で定番のエコーパートを加えました。なお、サンプル曲の各ブラスの音色にはPCM音色を使いましたが、気持ち的にはFM音源のブラスを使いたいところですね。

POINT.1

「休符」の部分でも音源を休ませずに使うべし

DTM音源のようにエフェクターに頼るのではなく、実音の“エコーパート”を使って綺麗に響かせるのが昔ながらのゲームミュージック的打ち込みテクの1つです。このサンプル曲でも、メロディは別途エコーパートを用意しています（Track10)。

それ以外にも、伴奏のブラスパートでエコーの効果を利用しています。こちらは、別のパートを使うのではなく、休符やフレーズの隙間に打ち込んで音量（ベロシティ）を下げることで1つのパート内で擬似的にエコー効果を再現しているのが特徴です。

サンプル曲では、ブラスのパートのみこうした“擬似エコー”を使っていますが、発音数やパート数に制約のあるゲーム機の打ち込みでは、とにかく音源を休ませないようにあらゆるパートで休符部分に擬似エコーなどを挿入して、響きをリッチにする努力をします。この辺は、チップチューン系サウンド（136ページ以降参照）にも応用できるテクなので、覚えておくといいですね。

Track5のブラスパート。イントロは休符部分を使って本格的なディレイっぽいエコーを打ち込み、
Aメロのバックでは細かく刻むフレーズの隙間に音量を下げた音を挟み込んでいる。ベロシティで調整するのが簡単だ。

POINT.2

細かいリズムのベースのアタック感でハットが省ける

アップテンポのハードな曲では、リズム隊がノリの要となります。

サンプル曲の場合、特に激しいFM音源ベースがポイントとなっています。これは参考曲のイメージを引き継ぐためのものでもありますが、同時にアタックの強い音色で細かいベースラインを演奏することで、ビートを刻むハイハットを省くという効果をも狙っています。

DAWソフト上で再現するならドラム音源でハイハットを打ち込むのもアリなのですが、意外と昔のゲーム曲ではPCMドラムでハイハットがない場合もあります。1声程度しかPCMが使えない環境では、キックとスネアを交互に打ってリズムを刻むのがせいぜいで、その隙にハイハットを挟み込むとむしろバランスが崩れてノリに違和感を覚えるようなこともあるのです。そこで、心地よいドライブ感を出すには、ハイハットの代わりに「動きまくるベースとそのアタック」でビートを刻むのが効果的なのです。

FM音源＋α時代のゲーム曲の場合、ベースはドラム的な役割をも兼ねていることが多い。
サンプル曲のようにアタック感でハイハット的なビートを感じさせるパターンや、
ドラムをハイハット＋スネアにしてキック感をベースのほうで補うパターンもあった。

MISSION 10

疾走感あふれる3Dレースゲーム風ミュージック

DATA

ここから楽曲データを聴こう

スピード感あふれるサウンドが特徴の、3Dレースゲームのの BGMを作ってみましょう。参考にしたのは、レースゲームの名作『リッジレーサー 2』の人気曲「GRIP」です。

「3D_Race」のトラックの様子

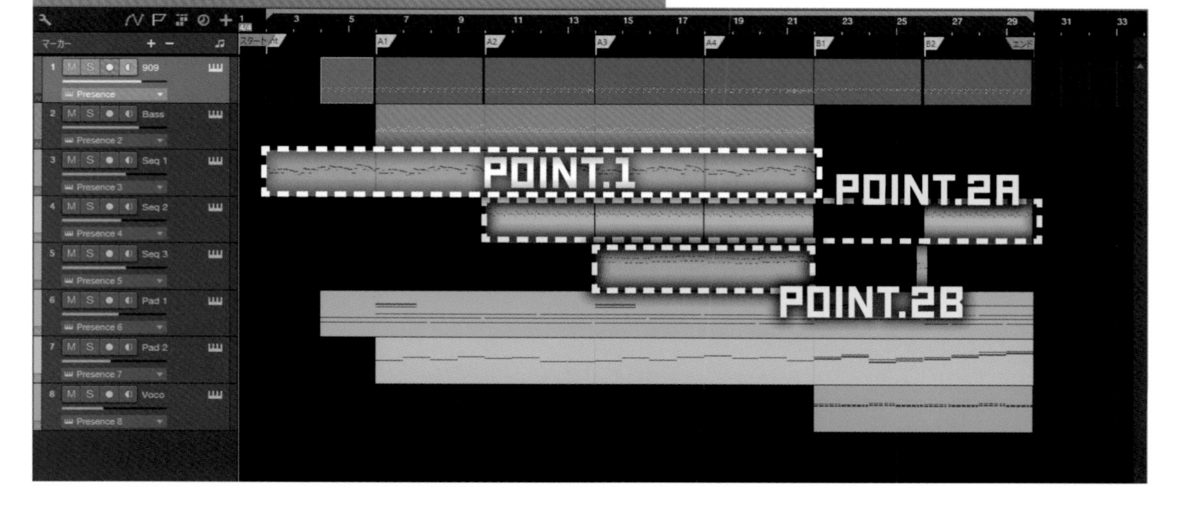

トラックの詳細

TRACK	PART	ABOUT
1	909	4つ打ちキックの909サウンド
2	Bass	アナログ系シンセベース
3	Seq 1	矩形波のピコピコ
4	Seq 2	刻々と音色が変化
5	Seq 3	ポルタメント使用
6	Pad 1	低音＋コードの白玉
7	Pad 2	スイープ系パッド
8	Voco	展開部のボコーダー風

参考作品

『リッジレーサー2』

(1994年、ナムコ)

90年代のナムコサウンドをある面で象徴する、自由奔放なテクノミュージック。歴代『リッジ』シリーズの音楽は、他のレースゲームにも影響を与えた。『2』では佐野電磁（佐野信義）氏や、細江慎治氏、佐宗綾子氏、相原隆行氏らが参加している。

ABOUT SONG

レースゲームに合う テクノ～エレクトロ系楽曲

「レースゲームのBGMと言えばロックやフュージョン」といったそれまでの流れを変えたのが、『リッジレーサー』のサウンド。初代リッジの「ROTTERDAM NATION」などは、レースゲーに限らずゲームミュージックとしてもかなり尖った曲でした。その後、テクノ～エレクトロ系やユーロビートなどがレース系のゲームBGMとして定着していきます。

そのアレンジやサウンドは当時のテクノ、今ならば「EDM」なども参考になります。ここでは、4つ打ちキックのドラムと動きのあるシンセベースを軸に、シーケンスやモーション・パッドなどを重ねて構成してみました。

なお、このジャンルは流行の移り変わりが速いので、現在に通用する曲として新規に作るのであれば、“旬”のサウンドをうまく取り入れられるようヒットチャートなどを研究してみましょう。

ABOUT SOUND MAKE

パートの編成と音色選び

アナログシンセ系の音色で揃える

ゲーム機の音源システムとしてはPCMサウンドの時代ですが、曲調的にはアナログモデリング系のソフトシンセをチョイスすればバッチリとハマるはずです。

サンプル曲の編成は、定番のTR-909のサウンドを用いたドラムと太いアナログ系のシンベを軸に、3種類のシーケンス・パートを用意。これらのパートの抜き差しで曲の展開を作っていきます。冒頭から鳴り続けるシーケンス・パート（Seq1）は、参考曲に倣って素の矩形波のサウンドを選んで雰囲気を似せてみました。

サンプル曲のオリジナル要素としては、厚みを出すために参考曲とは違う方向の3種類のパッド系の音色を加えました。「Pad1」は、主に低音を補うもの、「Pad2」は白玉で適当に弾いても動きがあって面白いもの、「Voco」は展開部に変化を付けるボコーダー風の音色となっています。

POINT.1

シーケンスパートに「ディレイ」は必須！

エレクトロ系の曲の場合、エフェクトの使い方も雰囲気を再現するには欠かせない要素となります。

今回の参考曲「GRIP」でも、曲の先頭から始まる印象的な矩形波のシーケンスパターンのパートで、ディレイ効果が確認できます。

そこで、サンプル曲でも、このパートに相当するトラックにディレイをインサートしました。

ディレイタイムは、テンポに同期させて16分刻みや8分刻みのリズムで遅れるように設定するのがポイント。これにより､繰り返されたシーケンスパターンが重なりあって、より複雑なパターンへと変化します。

また、ステレオディレイを利用して左右のディレイタイムを変えれば、音を左右に飛ばすなど独特の広がり感を演出することもできます。ポイントは、フィードバックとディレイレベルの設定で、原音と重なったときに音がゴチャつかないようなバランスに調整しておきます。

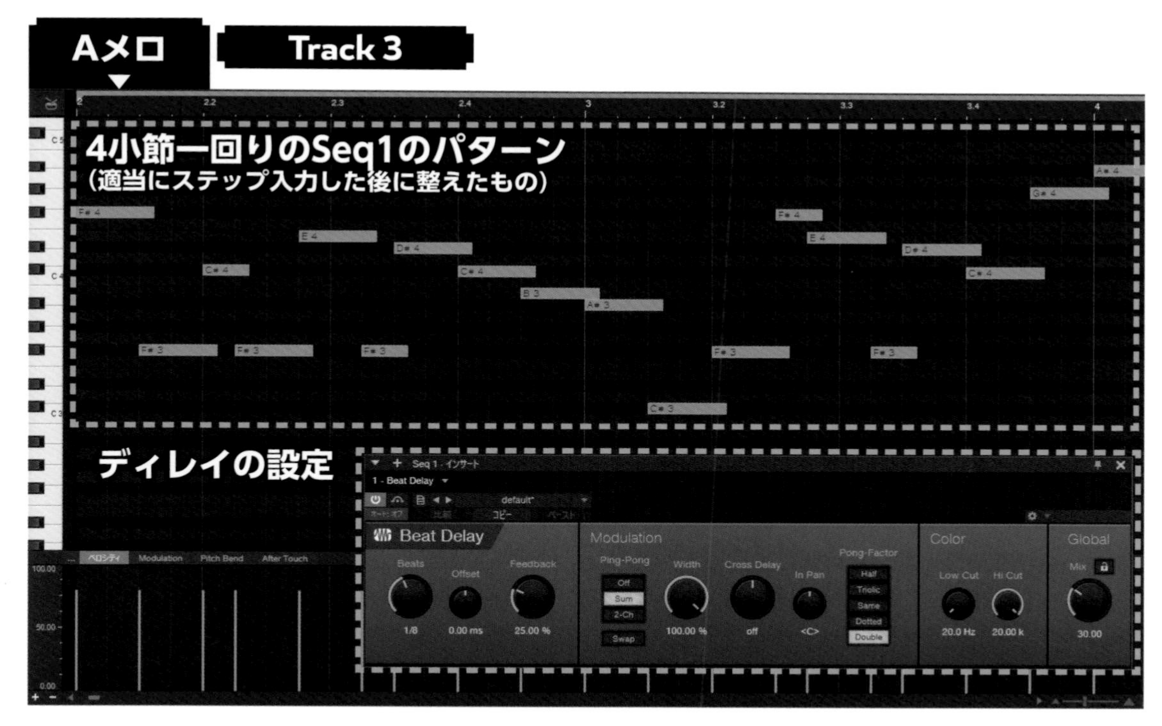

パターンは「F#」のコードの構成音を使い、ステップ入力で鍵盤をポチポチと叩きながら直感的に作成。
他のパートも含めて、考えてから打ち込むよりも適当に打ってから調整したほうがカッコいいパターンになる。

POINT.2

他のシーケンスパートにも動きや変化を付ける

さて、コンスタントに演奏される矩形波のシーケンスパターン（Track3）を中心にしつつ、周期的に「新しいシーケンスパターン（Track4やTrack5）」を加えていくことで曲の展開を作っていきますが、それらの新しいパターンについては、フレーズだけではなく“音色”についても工夫するといいでしょう。

例えば、2つめのシーケンスとして加えたパート（Track4）は、シンセのフィルターをLFOでモジュレーションすることで刻々と音色が変わるように設定し、同じフレーズの反復の中に動きをつけています。

また、3つめのシーケンスとして加えたパート（Track5）では、レガートで演奏したときだけポルタメント効果がかかるように設定し、フレーズの中にピッチがキュンと変化するアクセントを入れています。先の基本シーケンスのディレイも含めて、フレーズや音色に何かしらの動きを付けていくことが、曲を単調にしないコツです。

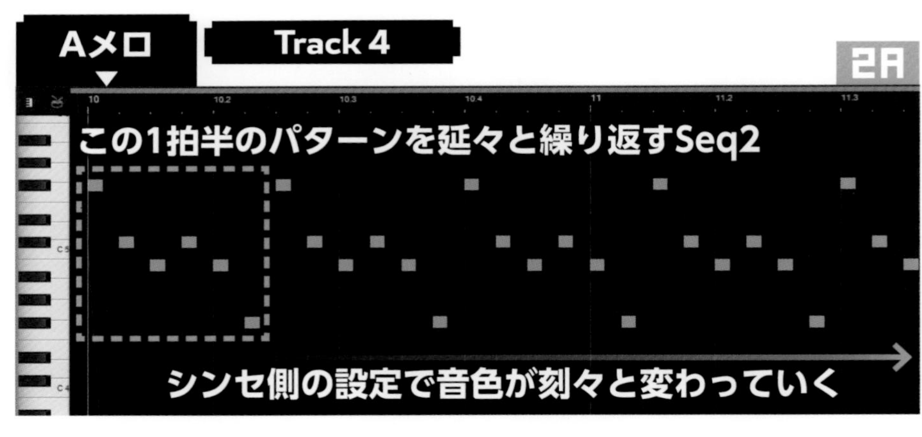

「Seq2」のパートは、フィルターを動かして刻々と音色を変化させることで、延々と繰り返しているパターンに動きを加えている。

「Seq3」は、変化の要素としてポルタメントを使ってみた。点線部分、レガートで打ち込んでいるところだけ効果がかかって、音程変化にクセを付けている。

MISSION 11

“日常”を彩る恋愛シミュレーション風ミュージック

ゲーム機の進化に伴って音源も進化した90年代。
恋愛ゲームを定着させた『ときめきメモリアル』では、
アニメBGMのようなポップな曲が流れました。
その中から季節BGM「春休み」を参考にしています。

「PCE_LoveSim」のトラックの様子

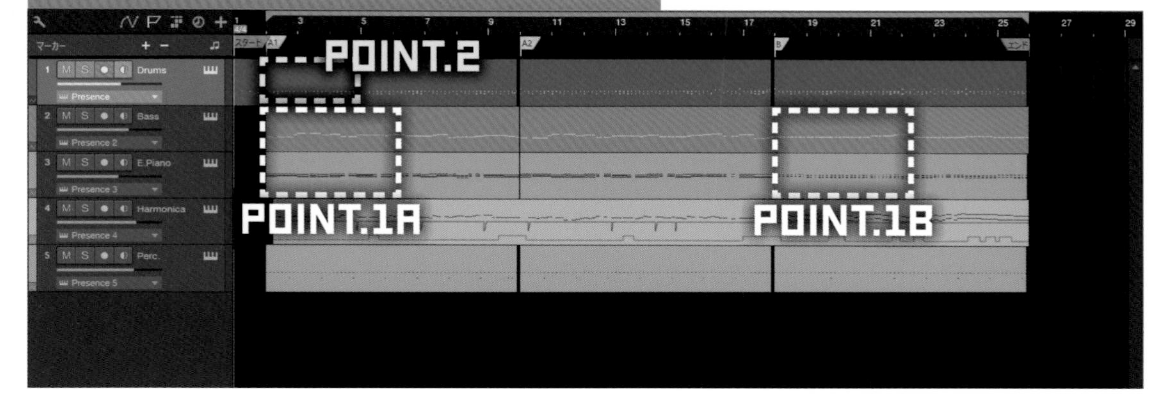

トラックの詳細

TRACK	PART	ABOUT
1	Drums	低ビットレートな古めのPCMドラム風
2	Bass	エレキベース風
3	E.Piano	エレピ風のコード・パート
4	Harmonica	メロディ（オクターブユニゾン）
5	Perc.	タンバリン＆ハンドクラップ

DATA

ここから
楽曲データを
聴こう

参考作品

『ときめきメモリアル』

（1994年、コナミ）

恋愛シミュレーションゲームというジャンルを確立した伝説の1本。PCエンジンから始まって各機種に移植され、歌モノの主題歌・挿入歌を採用するなど、CD-ROMというメディアを搭載した次世代機のスペックを生かした音楽にも注目が集まった。BGMは、メタルユーキの名前で知られる斎藤幹雄氏らが担当。

ABOUT SONG

ミディアムテンポでリラックスムードを演出

気分を高揚させるアクションゲームの激しいBGMに対して、恋愛シミュレーションでは日常生活を彩るような穏やかな曲が中心。プレイヤーの思考を邪魔しないようにするのが大切です。

例えば参考曲のような「春」をテーマとするなら、「ミディアムテンポ」「長調」「シンプルでポップなアレンジ」といったところが曲作りのキーワードになるでしょうか。方向性としては、80年代のニューミュージックやアイドル歌謡のようなコード進行とアレンジを目指していくと、雰囲気が似てきます。

特にコード進行は重要で、今時のJ-POPのような4小節ひとまわりの反復や極端な転調は控え、どんどん展開させつつテンションコードやオンコードを程よく入れていくといいでしょう。メロディは、ハーモニカ音色などで歌メロっぽいものを作るとハマります。

ABOUT SOUND MAKE

パートの編成と音色選び

ちょっとチープなPCM音色を使う

『ときめきメモリアル』が最初に発売された「PCエンジン」。その内蔵音源は、矩形波以外の任意の波形を読み込んで鳴らせる波形メモリ音源（PSGの進化版のようなもの）が6声あり、CD-ROM²を接続するとAD-PCM音源1声分が追加され、CD-ROMからのストリーム再生が可能でした。

サンプル曲は、CD-ROM²のAD-PCM音源でドラム、それ以外のベース、メロディ、コード（エレピ相当で3～4声）が内蔵音源の6声に収めまるようなアレンジとしています。

波形メモリ音源はPCM音源のように容量の大きな波形は扱えないのでリアルなサウンドは鳴らないのですが、サンプル曲ではマルチ音源のPCM音色から各パートに相当するプリセットを選んで代用しました。シンセ音源でエレキベースやエレピ風の波形を作って鳴らすと、もう少しチープな内蔵音源っぽさが出せるかも。

POINT.1

バッキングのエレピを工夫して単調さを回避

発音数の都合で、ドラム、ベース、メロディを除くと残りは3～4声しかありません。例えば、2声ずつ分けて2パートを演奏させせることもできますが、参考曲に倣って、リズム隊にエレピを加えた3リズム・アレンジとしてみました。

シンプルな編成ゆえに、白玉一発のコードでは単調になってしまうので、トップノートをオブリ的に動かすキーボードの定番奏法を入れて、変化を付けています。

シンコペーションしながら2拍単位の大きなリズムを刻むAメロに対して、Bメロでは8分刻みとすることで、場面の転換を表現してみました。この辺は、参考曲からのアイデアで、ポップスアレンジでもよくある展開ですね。

この8分刻みのエレピは、均一に8つ鳴らさずに「3＋3＋2」のリズムになるよう発音時間を調整して、軽くアクセントを付けています。これも単調さを回避するための小技です。

Aメロはシンコペーションしながら動かして、少ないパートながら躍動感のある伴奏を作成。

Bメロからは8分刻みにして表情を変えつつ、エレピを工夫して単調にならないようにした。

POINT.2

1声でドラムのパターンを演奏する方法

PCMパートが1声しか鳴らせない音源では、現在のドラム音源のようにキック、スネア、ハイハットなどの音をバラバラに用意して、それぞれの演奏パターンを打ち込んで鳴らすことはできません。

そこで､「キック＋スネア」や「キック＋ハイハット」など、一緒に鳴らした波形を用意し、それらをリズムに合わせて切り替えることでドラムのパターンを再現しました。打ち込みというよりは、ちょっとだけブレイクビーツの考え方に近いと言えます。

サンプル曲では、通常のドラムと同じように打ち込んでいますが、四角で囲っている組み合わせの波形を用意して、8分刻みで切り換えていけば、1声でも同じパターンが演奏できます。

当時のゲーム曲っぽいドラムパターンを組むなら、Lo-Fiなサウンドと、昔の音源システムならではの制約を意識してみてもいいでしょう。

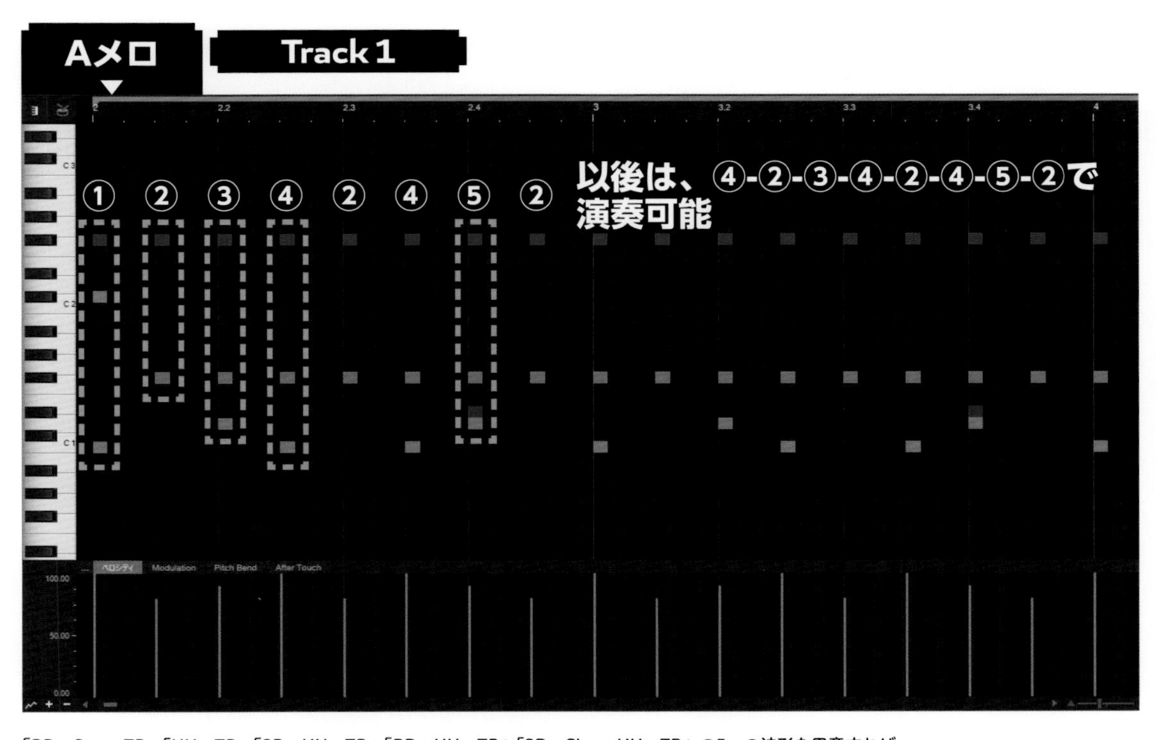

「BD＋Cym＋TB」「HH＋TB」「SD＋HH＋TB」「BD＋HH＋TB」「SD＋Clap＋HH＋TB」の5つの波形を用意すれば、Aメロのドラムパターンが1声で演奏できる。

MISSION 12

泣ける アドベンチャー風 ミュージック

主にPCゲームなどで根強い人気の
“泣ける”ストーリーを持つ
アドベンチャーゲーム風BGMを作ってみましょう。
参考にしたのは、『CLANNAD』より、「渚」です。

DATA

ここから
楽曲データを
聴こう

「PC_AVG」のトラックの様子

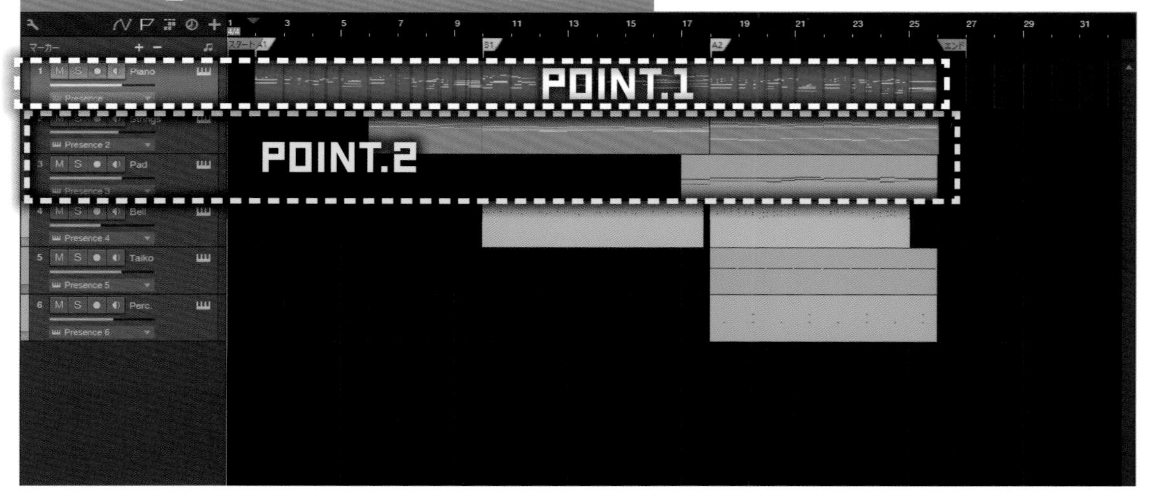

トラックの詳細

TRACK	PART	ABOUT
1	Piano	メインのピアノ
2	Strings	中高域のパッド
3	Pad	中低域のボイス系パッド
4	Bell	メロディのユニゾン
5	Taiko	ドーンと響く和太鼓
6	Perc	拍子木や鈴など和の打楽器

参考作品

『CLANNAD』

(2004年、Key)

“泣きゲー”と呼ばれるジャンルの第一人者と目されるPCゲームブランド“Key”の作品は、音楽面においても大きな影響力を持っている。『Kanon』『AIR』『CLANNAD』といった作品では、折戸伸治氏、そしてシナリオも担当する麻枝准氏らによる心揺さぶるサントラが聴ける。

ABOUT SONG

切なさを感じさせる影のあるコードの響きと和のメロディライン

“泣きゲー”とも呼ばれる切ないストーリーのPC用ノベルゲームでは、サウンドトラックも繊細な曲が多くなっています。“泣き”のツボは人それぞれではありますが、どこか影のあるコードの響きや和テイストを感じるメロディラインを取り入れると、参考曲のような雰囲気が出てきます。

サンプル曲は、参考曲に加えて同ブランドから発売されている『AIR』のBGMの要素も取り入れながら、ピアノで曲の骨格を作っていきました。

気をつけたのは、メロディやハーモニーの中にM7thや7th、6th、9thなど3和音以外の音をうまく絡めて、コード進行にはルート以外のベースを使った不安定な響きを入れていくといったところでしょうか。

曲の展開は、後半に進むほどベルやパッド、ドラムが重なって厚みが増していく参考曲に倣っています。

ABOUT SOUND MAKE

パートの編成と音色選び

ピアノを中心にベルやパッド、和テイストの打楽器を用意

レコーディングした曲をそのまま再生できる時代のゲームなので、スタンスは通常の音楽制作と同じでOKです。

まず、曲の主役となるピアノは、マルチ音源のプリセットでもOKですが、可能ならば高品位な音質の専用音源を使ってみましょう。

途中からメロディとユニゾンで演奏されるシンセベルのパートには、80年代のデジタルシンセのプリセットでよく聴かれたちょっとノイジーなタイプのサウンドをチョイスしました。

そして、オブリ＆パッド系のパートとして、PCMストリングスとボイス系の2種類のサウンドを用意し、前者は中盤から中高音域を、後者は終盤から中低音域を支えます。最後のセクションに入るドラムには和風のパーカッション音色を選び、太鼓、シャンと響く鈴、そして拍子木の3点に深いリバーブをかけてどっしりとしたリズムを刻んでいます。

POINT.1

ごく少ない音数で切なげな響きを作っていく

繊細な感じを出すには、本格的なピアノソロ曲のように両手でバリバリと弾くのではなく、少々もの足りないくらいの音数にするのがコツ。

例えば、参考曲のピアノは、メロディに対して副旋律的に低域の１音だけを加えるというシンプルなアレンジになっています。サンプル曲はもう少しだけ音数を増やし、ピアノ・パートにもハーモニーの要素を入れる方向で作ってみました。

メロディとコード進行の外枠が決まったら、ピアノを弾いている左右の手をイメージしながら右手のメロと左手のベースとの音の間に、コードの音から何を入れるか、何を抜くかを考えます。例えば、基本的な構成音である3rdや5thの音を避けると不安定になり、そこに6thや7th、9thなどのテンションを入れていくと切なさを感じる響きになります。

また、ダンパーペダルの使い方もポイントで、サンプル曲のように左手がベース＋１音で演奏していても、右手で弾いたメロディの余韻も重なっていくため、より複雑で豊かなコード感が得られるのです。

こういう曲は、上手に弾けなくてもいいので、鍵盤を押さえながら考えたほうが自然なメロディや綺麗な響きが作りやすい。
サンプル曲も、ざっくりと弾いた後におかしい部分を修正して仕上げている。

POINT.2

重ねていくパッド系のパートで広がりと厚みを作る

シンプルなピアノに対して、パッドのパートでは“広がり”や“厚み”が感じられる重厚さが欲しいところです。広がりを感じさせる定番手法は、音程の間隔が離れた「オープンボイシング」でコードを弾くことでしょう。特に前半のPCMストリングスでは、オープンにする際にピアノと同様に安定する音を省いているので、繊細さも感じるハーモニーになっています。

一方、後半では、オープンボイシングの間に音を足して密度を上げつつ、低音域にベース相当のルートの音を、中音域にボイス系のパッドを足すことで、厚みを付けていきます。

パッド系パート全体で低音から高音まで広い音域に音が散らばるようなボイシングにすることで、ただ厚いだけでなく“広がり感”も損なわないようにするのがコツですね。

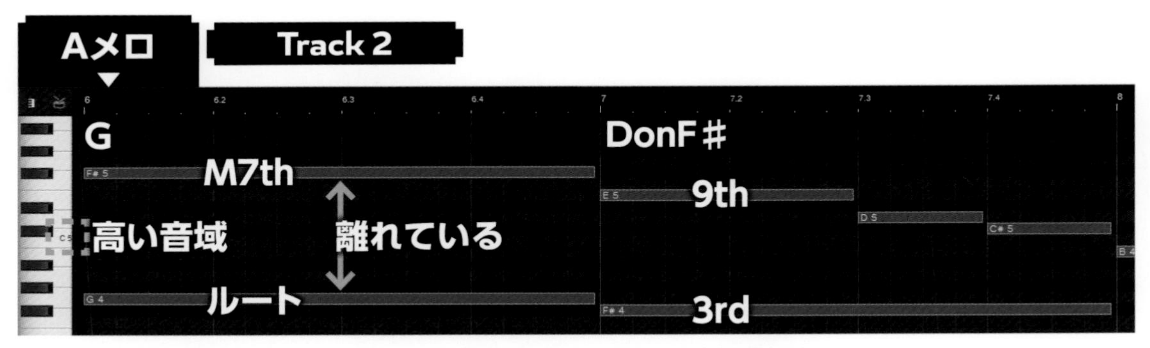

前半のPCMストリングスは、2声のオープンボイシングと声部を絞ることで、単独では不安定な響きを狙っている。
考え方はピアノと一緒で、3rd、5thを省いたり、7thや9thの音を使ったり、下の音にルート以外の音を使うなどしている。

後半はストリングスの密度を上げつつ、その下にボイス系パッド、更に下に低音のストリングス（ベース相当）を加えて、広い音域の音の壁を作るようなイメージで厚みと広がりを出していく。

MISSION 13

サスペンス系ノベルゲームの劇伴風ミュージック

DATA

ここから楽曲データを聴こう

映像やサウンドで臨場感を演出するテキストベースのアドベンチャーゲーム、ノベルゲームのBGMを作ってみましょう。参考にしたのは、『かまいたちの夜』より「悪夢」です。

「Novel_BGM」のトラックの様子

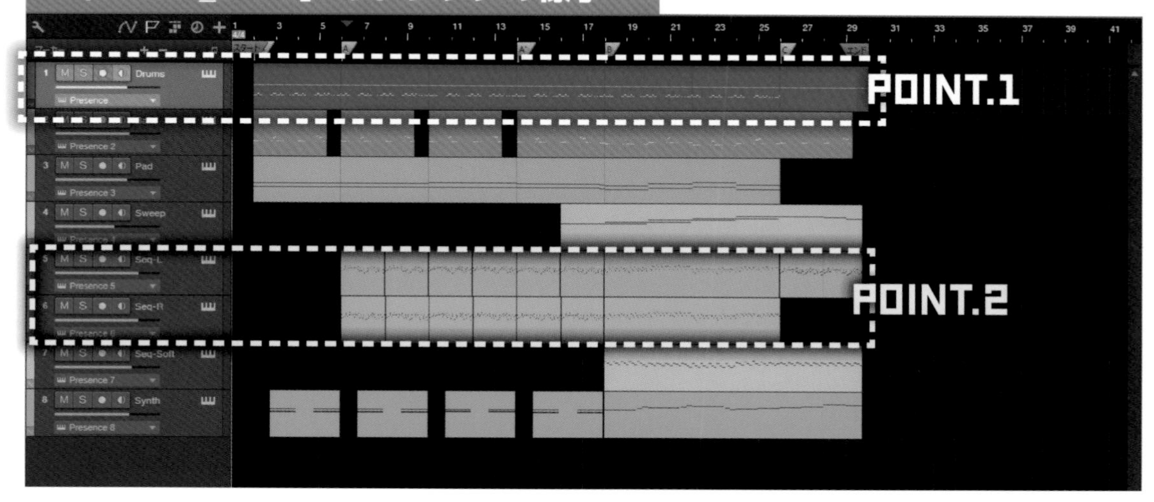

トラックの詳細

TRACK	PART	ABOUT
1	Drums	ハイハット+シェイカーの刻み
2	Bass	キレのいいスラップベース
3	Pad	中低音の補助的パート
4	Sweep	後半のオブリ
5	Seq L	カリンバのシーケンス
6	Seq R	↑のエコーパート
7	Seq Soft	後半の補助的シーケンス
8	Synth	後半のメロ+前半のパッド

参考作品

『かまいたちの夜』

（1994年、チュンソフト）

サウンドノベルの代名詞とも言える『かまいたちの夜』。有名な1作目（SFC版）では中嶋康二郎氏、たくまること加藤恒太氏が音楽を担当した。このシリーズは幅広い層に根強い支持を得ており、2017年にはリメイク作『かまいたちの夜 輪廻彩声』が発売された。

ABOUT SONG

必要最小限の音で構成しつつ展開も大きく変化しないのが特徴

音楽として楽しめる曲が多いゲームやアニメのBGMに対して、ドラマや映画のBGMの中には場面の演出に特化した必要最小限の音で構成される曲が多くあります。ノベル系ゲームの場合、推理ドラマのBGM（劇伴）の作り方が参考になるでしょう。

例えば参考曲「悪夢」からは、淡々とリズムを刻むハイハット、曲のアクセントとなるベース、反復するシーケンスパターン、シンプルなシンセリード（メロ）といった要素が拾えます。構成についても、Aメロ-Bメロ-サビのような展開はなく、パターンはそのままに平行移動のように転調する程度で、全体としては大きく変化しないのが特徴です。

いつもの作曲と比較してスカスカに感じるくらいパート数を絞り、単発のモチーフをひたすら反復するようなイメージで、ストイックに作っていくといいかと思います。

ABOUT SOUND MAKE

パートの編成と音色選び

シンプルな編成で反復させるのが効果を出すポイント

まず、曲の骨格となるリズム隊は、ドラムをハイハット＋シェイカーの組み合わせとし、ベースにはアタックの強いスラップベースを選択。8ビートの参考曲よりも音の密度を上げげた16ビートのリズムに乗せて基本パターンを作りました。

その上に乗せるシーケンスパートは、参考曲と同じマリンバ系（木琴）のプリセットではなく、黎明期のPCMっぽい粗さが欲しいので、音色的なニュアンスは近いもののもう少しワイルド民族楽器「カリンバ」を選んでいます。

そして、後半には、ベルとボイス系の音が混ざった柔らかなデジタル系のシンセリードでメロディを加えます。このパートは、前半に追加したパッドの音色としても流用しています。

その他、どうしてもスカスカな感じに耐え切れず、中低音のパッドや別系統の柔らかなシーケンスパートも追加してしまいました。

POINT.1

リズム隊のみで基本パターンを作っていく

まずは、曲の骨格となるパターン作りから始めてみます。

参考曲はドッシリと重いベースと淡々と刻むハイハットで心理的な“重圧”を感じさせるものでしたが、サンプル曲はもう少しアクティブな感じにして、適度に緊張感が漂うパターンを目指してみました。

まず、基本となるモチーフとしてスラップベースでキレのいい2小節一回りのパターンを作り、そのリズムに合わせてハイハットも16分刻みで細かく刻んでいきます。それをコピーして4小節としたところで、単純な繰り返しにならないよう細部を調整して4小節パターンを仕上げます。

さて、この段階でできあがったものを聴くと少々安定感に欠けたため、淡々と刻むシェイカーの音を足してバランスを取りました。

ここから先は、更にこれをコピー＆トランスポーズしながら曲を展開させていくので、先に表情付けなどをしっかりと済ませておきます。

このタイプの曲のベースは、鳴らす/止めるのメリハリを付けて、1拍目に強くアクセントを感じさせるパターンを考えよう。打ち込みテク的には、ゴーストノートを入れてリズムを引き締めるのがコツだ。

POINT.2

単調にならないシーケンスパターンの作り方

もう1つの重要パートとなるシーケンスも、延々と繰り返されるものなので、グダグダにならないように注意しながらパターンを作っていきます。

例えば、アクセントを付ける位置に注目してみましょう。拍に合わせて16分×4つで一回りとなるパターンを作ると、拍の刻みとアクセントが揃ってしまい単調になりがちです。これを16分×3つで一回りのパターンにすれば、シンコペーションっぽく拍とアクセントの位置がズレて適度に複雑さを感じるリズムになります。

実際に作る場合は、下図のように、先に「アクセントの位置」だけを使ってアルペジオ的なパターンを作り、後からその隙間を埋めるように音を足していくといいでしょう。

また、単音でパターンを作った後に3度や5度でハモらせたり、エコーパートを用意して左右に振り分けるなど工夫すれば、少ないパートでも適度な厚みを感じさせることができます。

アクセントとなる印のタイミングで先に大雑把なパターンを組んでから、その隙間を埋めるようにすると作りやすい（Track5）。
サンプル曲では、できあがったパターンの音符の長さを半分にした後、別トラックへコピーして
32分音符のタイミングだけ後ろにズラしてエコーパートも作っている（Track6）。

MISSION 14

緊張感と恐怖感ある90年代ホラーADV風ミュージック

寒気を感じるほどの緊張感と恐怖がクセになるホラーゲーム。
BGMも、熱く盛り上がるゲーム曲とは一味違います。
参考曲は、後に映画化もされた名作『バイオハザード』第1作から、
寄宿舎で流れるBGM「More Rooms」です。

「PS_Horror」のトラックの様子

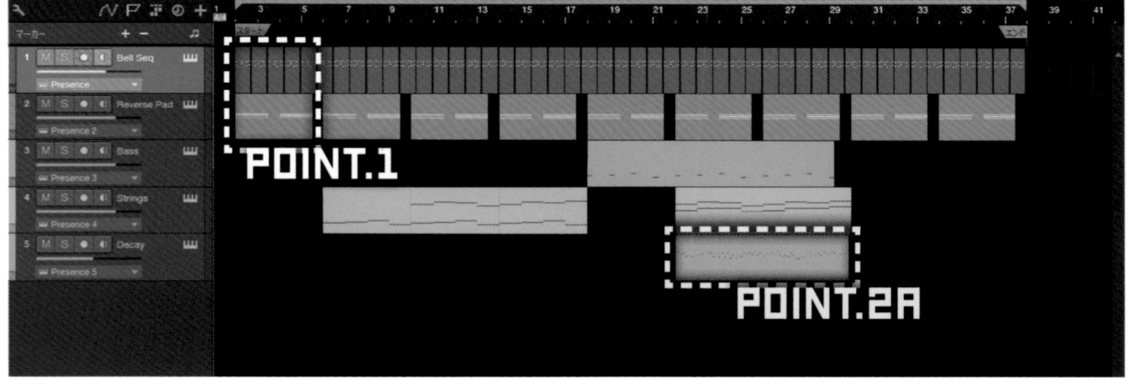

トラックの詳細

TRACK	PART	ABOUT
1	Bell Seq	減衰音の反復アルペジオ
2	Reverse Pad	逆回転風パッド
3	Bass	ピチカートのウッドベース
4	Strings	トレモロストリングス
5	Dulcimer	ランダム系のアルペジオ

DATA

ここから楽曲データを聴こう

参考作品

『バイオハザード』

（1996年、カプコン）

次世代機と呼ばれたプレイステーションで発売され、主に口コミで幅広いファンを獲得。初動本数重視のゲーム業界では異例のロングセラーとなり、ミリオンヒットを達成した、ホラーブームの火付け役だ。恐怖を煽るサウンドトラックは友澤眞氏、海田明里氏、上田雅美氏らカプコン・サウンドチームが担当。

ABOUT SONG

不協和音や繰り返しなど、不安を演出する記号を盛り込む

サスペンスやホラー系のBGMでは、ミニマル・ミュージックのような反復中心のものや、現代音楽のようなリズムや調性を感じないテクスチャーっぽい曲が主流。ポップスやロックとは様子が違うので、こういった曲を作るならホラー映画などのBGMを聴いてみるといいですね。すると、参考曲の構成も理解しやすく、その中の特徴的な記号も見えてくるでしょう。具体的には、不協和音のアルペジオの反復にパッド系の音で怪しげなハーモニーを加えたものを中心に、ズンッと腹に響くベース相当の低音パートや不安定な気持ちになるランダムなアルペジオといった要素が入っています。

サンプル曲もこれらの記号を取り入れつつ、他のシーンで流れるストリングス主体のテクスチャー系の曲の要素も入れながら、少しだけオリジナリティを出してみました。

ABOUT SOUND MAKE

パートの編成と音色選び

逆回転や余韻カットで恐怖感を増幅

プレステ世代のゲーム機の内蔵音源はシステム的にDTM音源に近いため、一般的な打ち込み方で演奏できます。

また、CD-ROMからのストリーム再生も可能なので、普通に音楽が鳴らせる（作れる）環境は整いました。そこで、サンプル曲はゲーム機をさほど意識することなく、参考曲に準じて“普通に”作っています。

編成は、先ほども書いたようにアルペジオ（反復／ランダム）、パッド、ベース、ストリングスの4つ。反復するアルペジオは減衰音に設定したシンセをセレクト。パッドはスローアタックで余韻をカットした逆回転っぽいサウンドにして不安を煽るような感じに。そこに、ピチカート系のウッドベースとストリングスで重さと重厚さを加え、ランダム系のアルペジオにはダークな響きの鐘の音（Carillon）を選んで恐怖感を煽ります。

POINT.1

周期の異なる2種類のアルペジオにディィレイを加える

全編を通じて流れている減衰音を使ったアルペジオは、1つのパートの中で2種類のパターンを重ねています。まず1種類目は、単純に半音を交互に繰り返して無機的な印象を作るアルペジオ。もう1種類は、4拍子の曲に対して3拍子でひとまわりのパターンを繰り返すことで、小節線と頭の位置がズレて単純な反復なのに刻々と変化しているように聴こえるアルペジオです。これらが、コードが変わっても同じパターンのまま延々と鳴り続けるため、だんだん不安な気持ちになってきます。

また、アルペジオ全体に対してテンポに同期したディレイをかけて、アルペジオの音を重ねて、元々不協和音だったところに更に違和感をプラス。そして、原音の8分刻みよりも細かなリズムが遠くのほうに聴こえることで、“何かザワザワする感じ”も加えてみました。

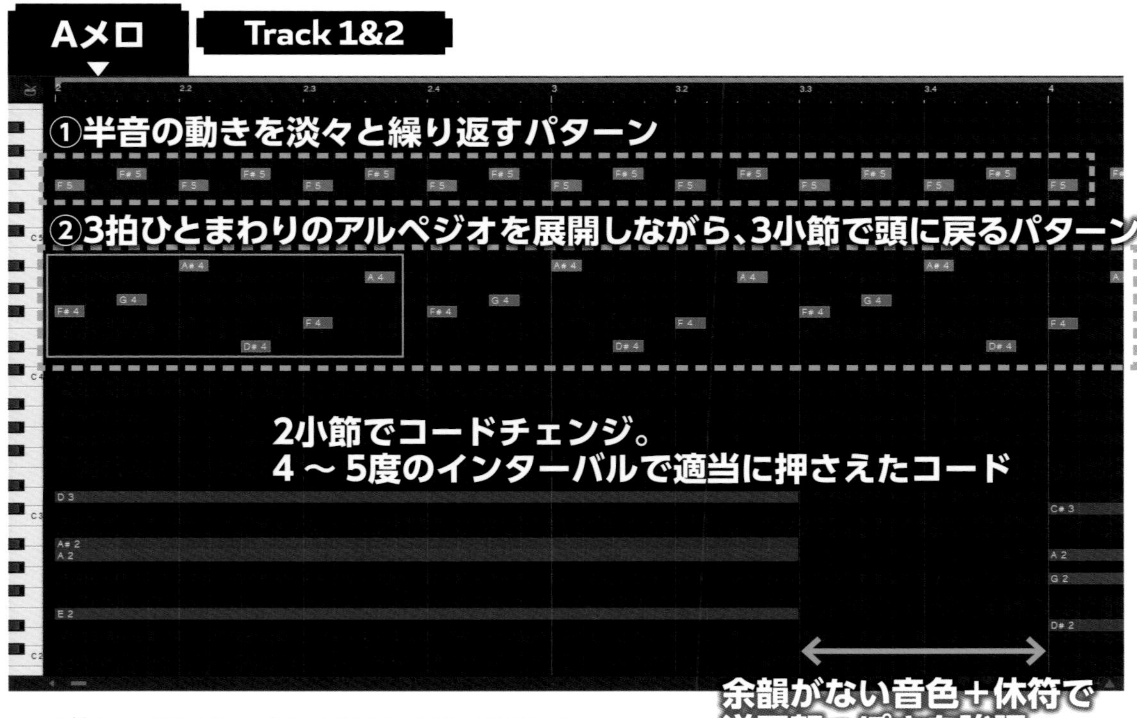

コードが変わっても延々と繰り返すアルペジオは2つのパターンを重ねている。
3拍ひとまわりで小節線とズレるため、反復中に微妙な変化が感じられるのがポイント。

POINT.2

ランダムなアルペジオは本当にランダムに弾いて入力

サンプル曲後半でランダムなアルペジオが重なると、不安定さに拍車がかかります。淡々と繰り返していた前半で溜まっていた“ゾワゾワした緊張感”が、“恐怖”に向かってワンランクアップします。

これは、慣れてきた反復の中に無秩序なアルペジオが混入した違和感と、無機的なシンセの音の中に混じった不響な倍音を含む「鐘」の音の印象が要因です。

ただ、打ち込みでランダムなフレーズを作るのは意外と難しいので、ここはリアルタイムで入力後に、クォンタイズをかけました。とは言っても、鍵盤は「弾く」というよりも、左右の手を1本指にして交互に適当なところをリズムに合わせて叩いているだけです。このやり方だと適当に高い音、低い音へと飛んで音程がバラけてくれるので、マウスでポチポチ打つよりも簡単に、雰囲気のあるランダムなアルペジオができあがります。

後半に登場するランダムなアルペジオは、何も考えずにリアルタイムレコーディングした。
8分の表拍を左手、裏拍を右手の1本指で適当に弾き、クォンタイズしただけ。

MISSION 15

携帯ゲーム機風コミカルなアクションゲームミュージック

携帯ゲーム機と相性の良いアクションゲーム。
ここでは『星のカービィ UDX』から、
人気曲「激突！グルメレース」を参考にしました。

DATA

ここから
楽曲データを
聴こう

「DS_Action」のトラックの様子

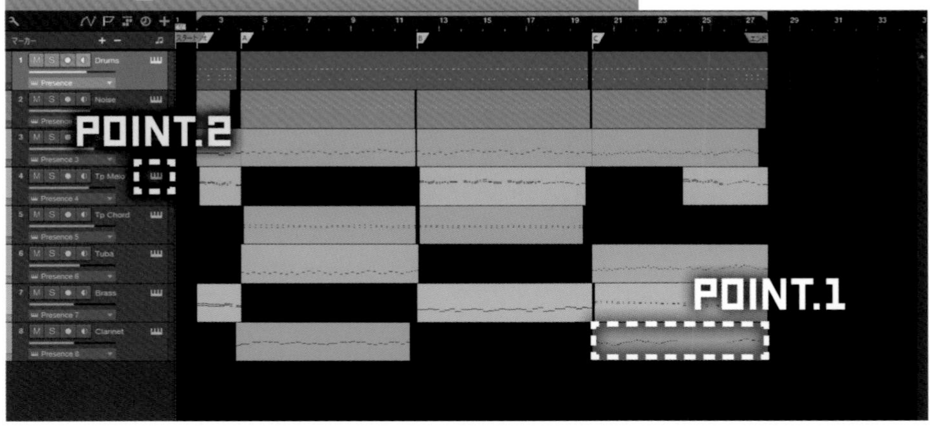

トラックの詳細

TRACK	PART	ABOUT
1	Drums	大太鼓+シンバル
2	Noise	ハイハット+スネア風
3	Bass	ピチカートのウッドベース
4	Tp Melo	メロディ

TRACK	PART	ABOUT
5	Tp Chord	コードパート
6	Tb Bass	ベースとユニゾンのチューバ
7	Brass	コード・パート+α
8	Clarinet	メロディ

参考作品

『星のカービィ ウルトラスーパーデラックス』
(2008年、任天堂)

かつてスーパーファミコンで発売された『星のカービィ スーパーデラックス』がDSでリメイク。今回の参考曲である「激突! グルメレース」(曲名であり、モード名でもある)を含む11のゲームモードと、3つのサブゲームを収録したオムニバス作品。作曲者はカービィシリーズではお馴染み、HAL研究所の石川淳氏。

ABOUT SONG

ロシア民謡など 民族音楽のテイストを取り入れる

コミカルなキャラクターが動き回るゲームの場合、BGMにもそれっぽい雰囲気が求められます。

例えば、ラテン系の陽気なリズムやアップテンポな2/4拍子で「ブンチャッドンチャッ」と繰り返すリズムに合わせて、とぼけた感じのメロを乗せる曲が似合います。参考曲では、そこにロシア民謡っぽいテイストがプラスされてるのが特徴。

サンプル曲でも、やはりロシアっぽさが感じられるアレンジとしています。

ポイントは、Im-IVm-ImやIm-V7-Imのようなカッチリとしたコード進行と、拍の頭にアクセントが来るメロディのリズムです。更に、Bメロからは「ウンタカタッタター」的なリズムも入れて、ロシアっぽさにコミカルさを加えています。そして、Cメロからは、参考曲のアレンジを元にしたリズム隊の展開を入れて曲に変化をつけてみました。

ABOUT SOUND MAKE

パートの編成と音色選び

PSG音源とPCM音源のバランス

DSの内蔵音源はPSG音源＋PCM音源という構成で、波形のストリーム再生もできるなど、意外と凝ったシステムになっています。ですが、携帯ゲーム機ゆえにリソースの制約もあり、ゲーム中のサウンドは90年代のスーファミ的なLo-Fiな音色で発音数がちょっと増えた感じをイメージしておくといいでしょう。

パートの編成は、参考曲が金管メインなのでサンプル曲もメロにトランペット、ブンチャカ伴奏用にブラスとチューバをセレクト。やや低音が不足していたので、そこにピチカートの弦をベースとして加えて補いました。パーカッション類はPSGのノイズを使ったドラム(?)が特徴的だったので、リズムのパターンも合わせてそのまま再現。そこに、PCMの「ドン、ドン、ドンドンドン」と叩く大太鼓とアクセントのシンバルを加えて賑やかにしています。

POINT.1

コミカルなメロディ作りで重宝するスケールとは!?

Cメロからのメロディラインは、参考曲からちょっと離れてコミカルな曲を作るときの定番パターンを取り入れてみました。それは、スケールに“全音階”を使ったフレーズです。

全音階とは、「ド、レ、ミ、ファ#、ソ#、ラ#」と「ファ、ソ、ラ、シ、ド#、レ#」のように、スケール上の音がすべて全音間隔で並んでいて、通常のスケールのように半音で動くところがないのが特徴です。

例えば、サンプル曲のように調がDm（F）のとき、本来のスケールに沿って「ファ、ソ、ラ…」と上昇したり「ラ、ソ、ファ…」と下降した先を「シ、ド#、レ#」や「ミ♭、レ♭、ド♭」と全音階につなげると、調子っぱずれなとぼけた感じが出せます。

同じ路線で、和風や沖縄風、中華風のペンタトニックを使ったフレーズもコミカルになるので、試してみるといいですね。

Cメロ　Track 6

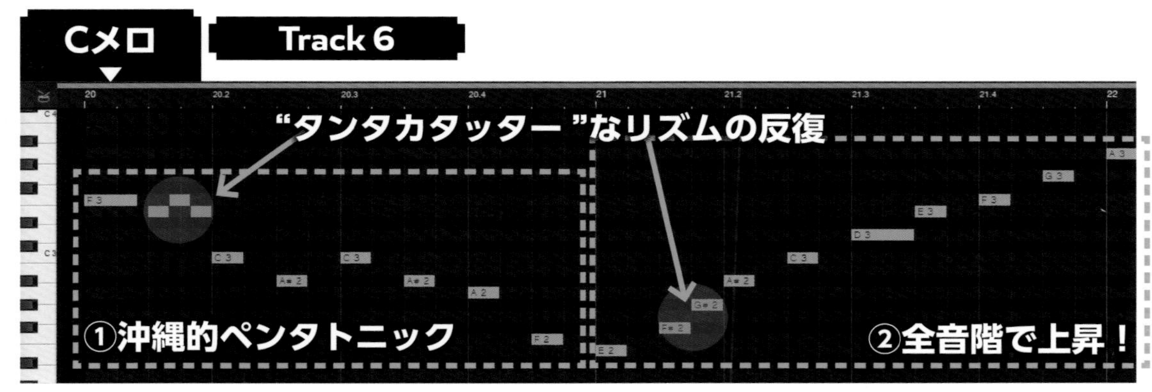

サンプル曲のCメロ部分は、沖縄スケールと全音階を織り交ぜつつ、
“タッタカタッター”なリズムを反復することで、コミカルでとぼけた感じのメロディにしてみた。

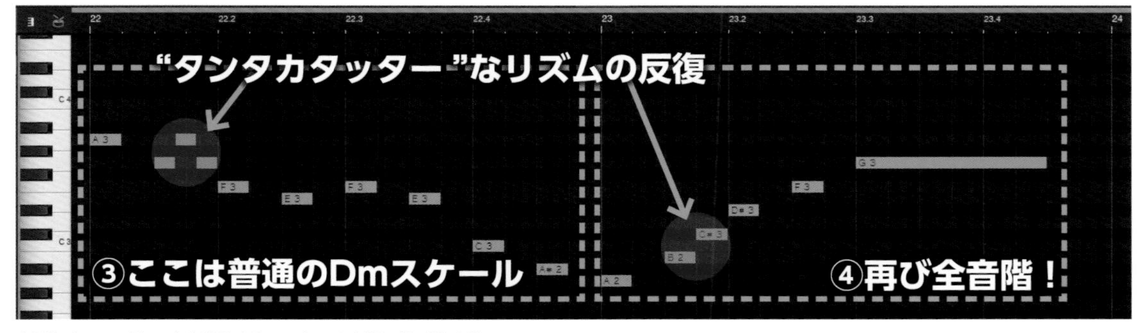

上図からのつづき。全音階からDmスケールを経て再び全音階へ。

POINT.2

シンセのパラメーターをイジって疑似的にLo-FiなPCMサウンドにする

容量の小さいPCM音源のサウンドの個性は、ビットレートが低いことによる高域の減衰や波形の歪み、エイリアスノイズなどのノイズの混入にあります。Hi-FiなPresenceXTのPCMサウンドでも、何かしらの手段を使って波形を汚すことができれば、携帯ゲーム機っぽいLo-Fiなサウンドに近付けられます。

その代表的な手段が「ビットクラッシャー」と呼ばれるプラグイン・エフェクトです。しかし、Studio One Primeではそのプラグインが使えないため、PresenceXTのパラメーターを駆使してLo-Fi感を疑似的に再現してみましょう。

具体的には、不響な倍音を付加するリング変調（AM変調）を応用します。高速なLFO2の出力を使って、AMPのLevel（音量）をモジュレーションすることで、エイリアスノイズのような「キー」や「カー」といった感じのガビガビしたノイズ成分を付加しました。なお、このLo-Fi化のウラ技は、他のパートや別の曲のPCM音色でも使用しています。

Lo-Fi化の設定例 **Presence 4**

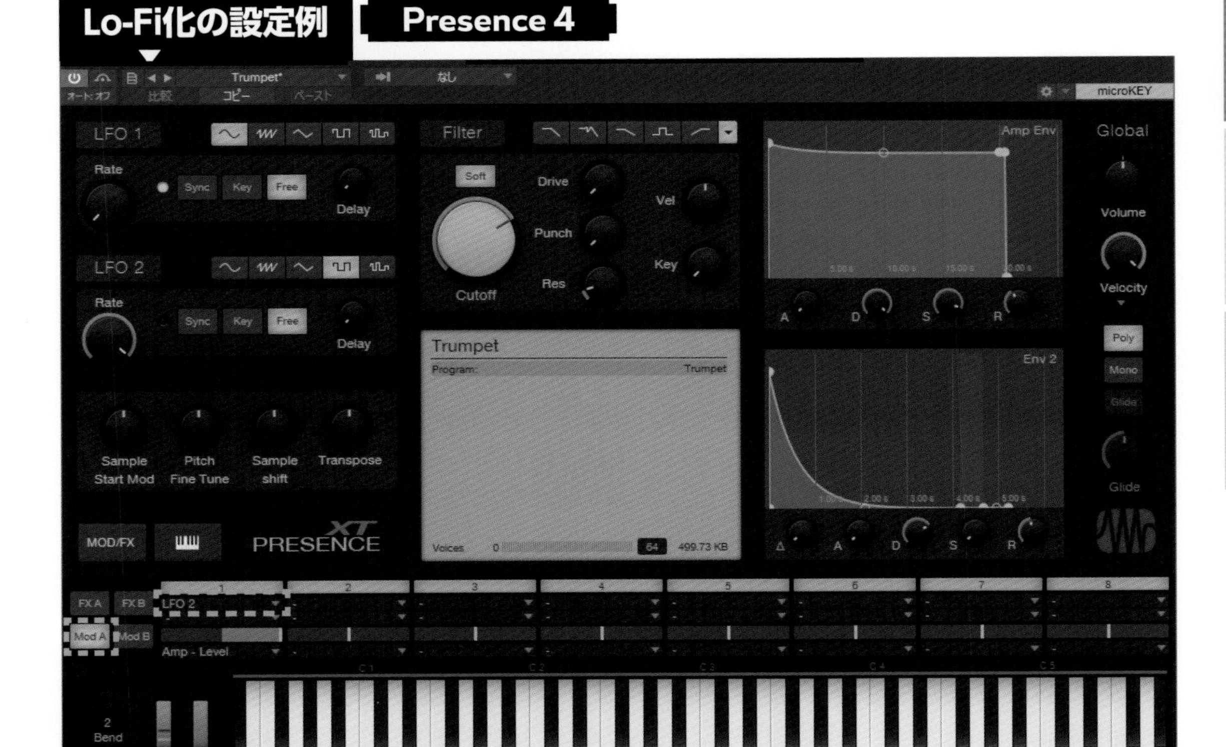

画面下のMod A（モジュレーション機能）を利用し、LFO2をソース、Amp-Levelをターゲットに設定し、LFO2でAmpのレベルを変調する。LFO2で選ぶ波形やRateの値、Mod Aでのモジュレーションの深さの設定でニュアンスが変わる

MISSION 16

よくあるパズルスマホゲーム風ミュージック

ここから楽曲データを聴こう

いまやスマホでゲームは当たり前。
そんな中、爆発的にヒットした『パズル＆ドラゴンズ』。
ここでは、最初のステージ曲「Departure」を参考に、
パズルゲーム風の曲を作成してみました。

「SG_Puzzle」のトラックの様子

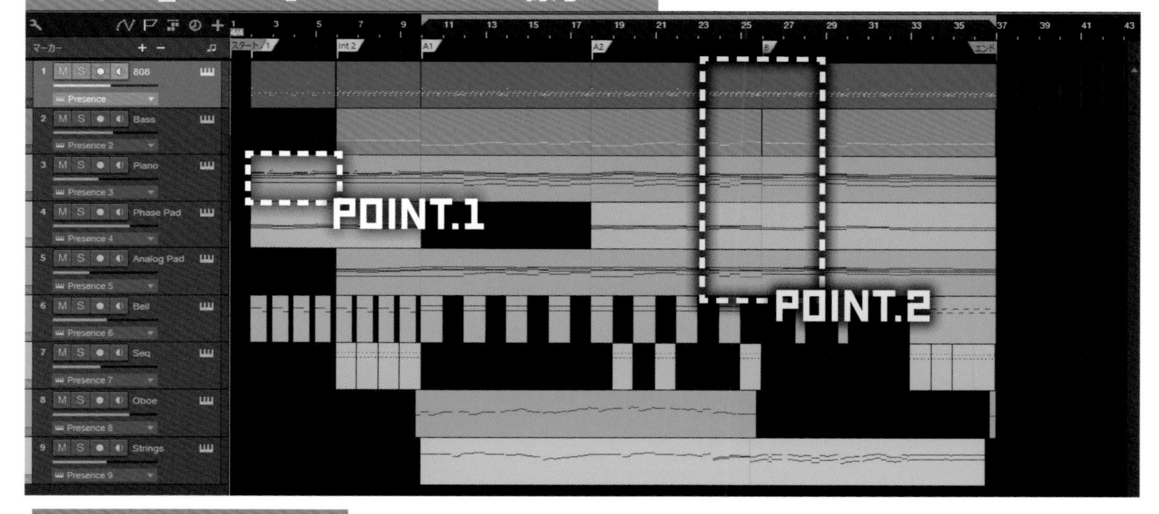

トラックの詳細

TRACK	PART	ABOUT
1	808	リズムマシン
2	Bass	太いシンセベース
3	Piano	リッチなアコピ
4	Phase Pad	パッドwithフェイザー
5	Analog Pad	暖かみのあるパッド

TRACK	PART	ABOUT
6	Bell	キラキラシンセ1
7	Seq	キラキラシンセ2
8	Oboe	メロディ
9	Strings	オブリと後半のメロ

参考作品

『パズル & ドラゴンズ』

（2012年、ガンホー・オンライン・エンターテイメント）

スマートフォン用ゲームアプリとして、社会現象と呼べるほどの記録的なヒット作となった“パズルRPG”。いわゆる従来型のソーシャルゲームの流れとは異なるゲームらしいゲームデザインが支持を集めた。印象的なBGMを作曲したのは、『ロマサガ』など多くの家庭用ゲームを手がけたイトケンこと伊藤賢治氏。

ABOUT SONG

淡々としたリズムに イージーリスニング系のアレンジ

パズルゲームのBGMの場合、プレイヤーの試行錯誤を邪魔せずに間を持たせるバランス感覚も重要です。特に序盤のステージでは、リラックスしてゲームに入れるようにイージーリスニングやラウンジっぽいものがマッチするでしょう。リズムを入れる場合も、例えば参考曲のように生ドラムではなくリズムマシンを使って淡々と同じパターンを繰り返すのもいいですね。そして、ピアノやストリングスなどアコースティックなサウンドを使ったゆったりと流れる伴奏と、木管やハーモニカなど刺激が少ない音色で大らかなメロディを作っていきます。シンセを入れる場合は、パッドで厚みを加えたり、デジタルなキラキラ音で華やかさをプラスする方向になるでしょう。あとは、ステージのスタイルや舞台設定、演出に応じて派手or地味になるよう音色やアレンジを調整していきます。

ABOUT SOUND MAKE

パートの編成と音色選び

TR-808の4つ打ち＋シンプル編成

スマホのゲームではBGMを録った波形をストリーム再生してるので、ゲーム機的な特徴のシミュレーションは不要。まずは、参考曲のパート編成をそのまま取り入れるところから始めました。らしさを感じさせる音は、TR-808の4つ打ちのドラムとイントロや曲中で流れるフェイザーのかかったパッドでしょうか。

その他はオーソドックスで、シンセベース、ピアノ、アナログ系のパッドが伴奏を作り、その上でオーボエとストリングスがメロディ（オブリ）を担当しています。また、時々入るキラキラしたシンセのシーケンスも拾っておきたいパートですね。

音色は、ドラムはTR-808風のプリセットがあるので再現性は高く、厚みのあるアナログ系とキラキラしたデジタル系のシンセ、ピアノ＆オーボエの生音まで、PresenceXTで十分に賄うことができます。

POINT.1

イントロにピッタリな ペダルポイントのパターン

イントロで「さあ始まるぞ」的なワクワク感を出すのに重宝するアレンジが、ベースはそのままでコードだけを動かしていく"ペダルポイント"のパターンです。サンプル曲では、ベースは最初の「F」のルートである「ファ」をキープして、コードは「F」から「C-D♭-E♭」と動かしてみました。

Fメジャーのダイアトニックコードだと「F-C-B♭-C」や「F-C-Dm-C」となって「ファ-ミ-レ-ミ」と循環するようなナチュラルな動きになりますが、同主調のFマイナーから「D♭」と「E♭」を借りてきたことで主音の「ファ」に向かって「ド-レ♭-ミ♭」と上昇するので、盛り上がりを感じさせる進行ができあがります。

他にも「A♭」や「B♭」を使って、ベースは「ファ」のまま「F-A♭-B♭-D♭-E♭」のようにどんどん上昇させるパターンもアリですね。

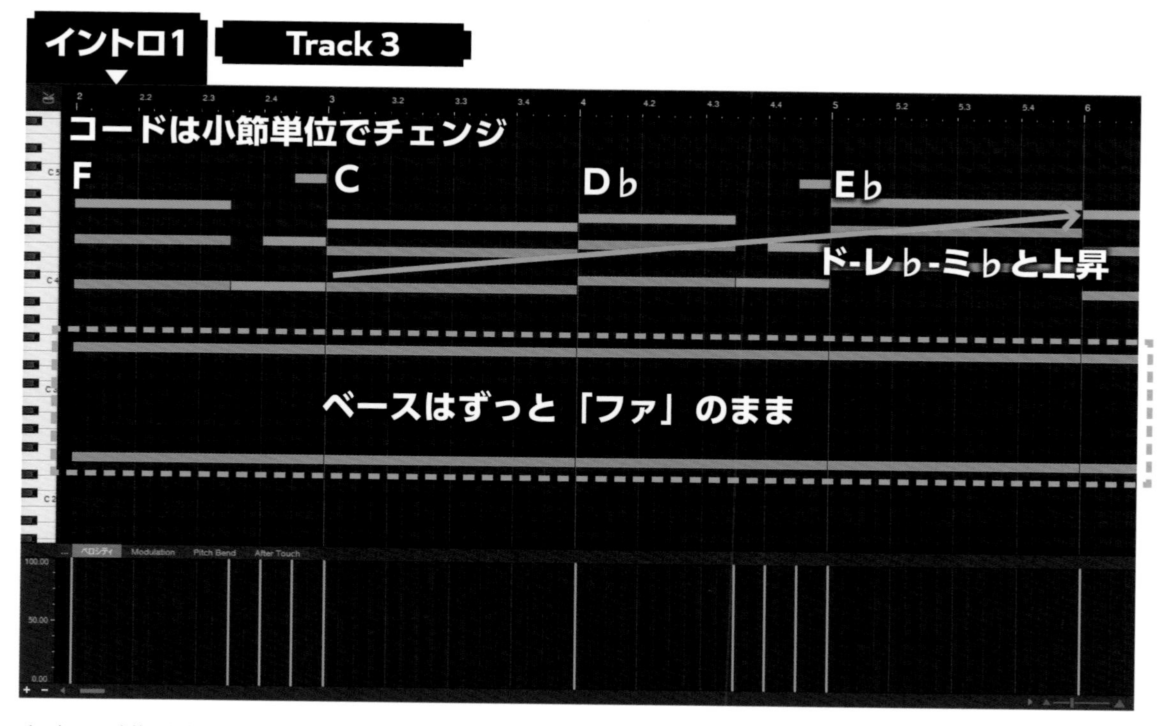

イントロの4小節ひとまわりの進行は、ベースはそのままにコードだけを動かすという定番のパターン。
後半で上昇していくところの借用和音の使い方がポイントだ。

POINT.2

シンプルなアレンジのときは音色にこだわる

伴奏パートは、キラキラしたシーケンスが時々入るものの基本的にはシンプルで、激しいリズムやフレーズの動きはありません。ゲームにアクション的な要素はあっても、考えながらプレイするパズルゲームでは淡々とした曲調がいいわけです。

一方サウンド面では、少ないパート＆動きの少ないフレーズで間をもたせなければならないため、それぞれが太くて厚い豊かなるサウンドを選ぶ必要があります。

サンプル曲の場合、リズムマシンの軽いドラムと8分刻みのシンプルなベース、そして白玉に近いピアノが伴奏の主要パートですが、ピアノには、イントロの後半からユニゾンのシンセパッドを重ねて、ブ厚い壁のようなサウンドを作っています。そこに、キチンと低音が出ている太くハッキリしたシンセベースを加えることで、画面上で見るノートの様子よりも重厚な伴奏トラックを作っています。

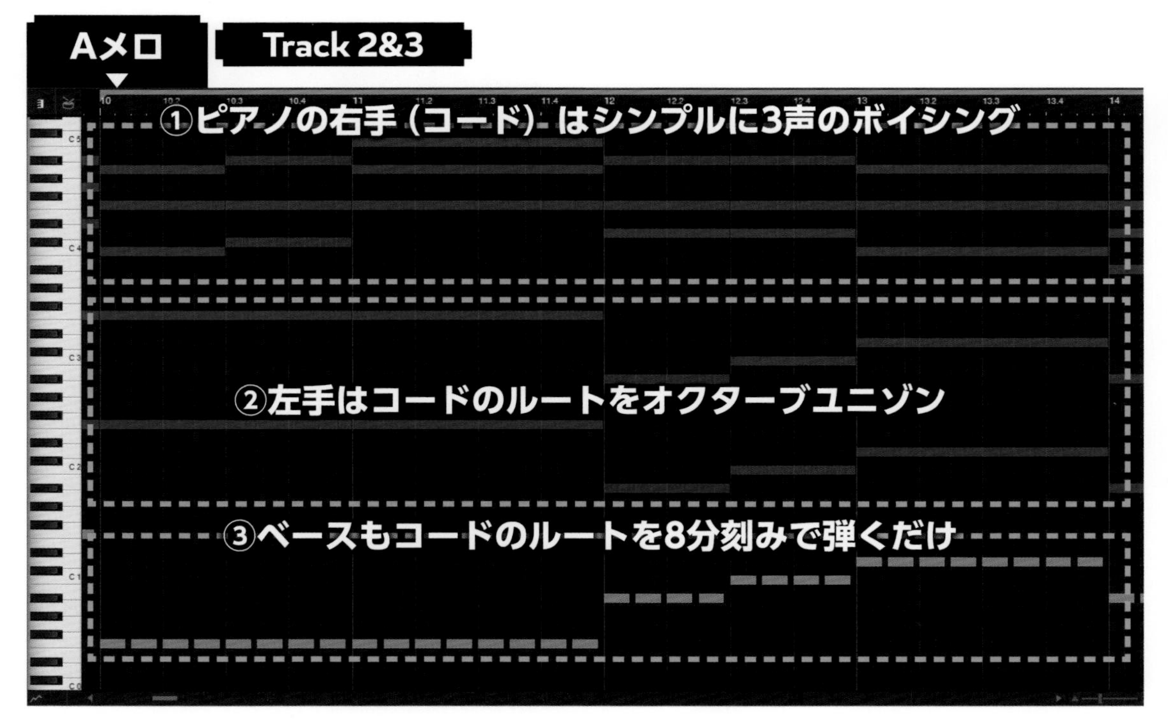

伴奏の主要パートは、3声のピアノとコードのルートを弾くベースだけとシンプル。ピアノロールで見ると非常に音数が少ないのがわかる。作曲中、ピアノだけだとちょっと物足りなかったが、ユニゾンのパッドを加えたことでグッと重厚な感じが得られた。

ゲームミュージック 作曲テクニック

STAGE 03

ページの見方

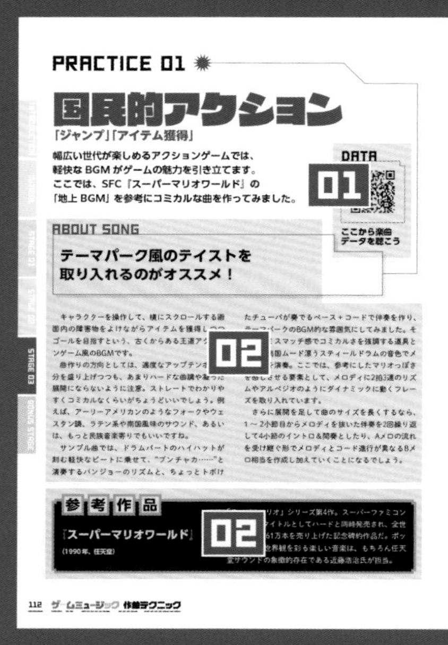
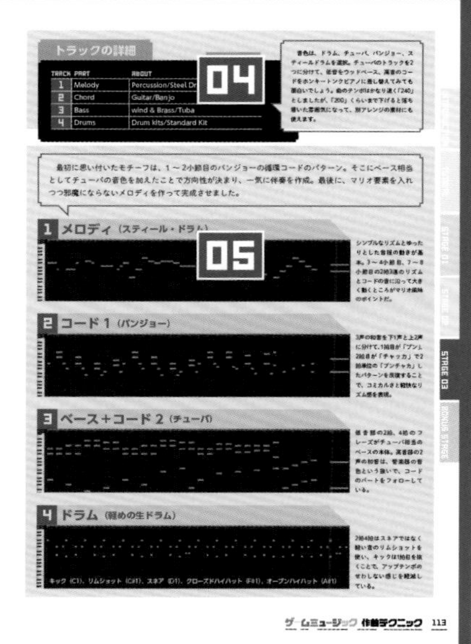
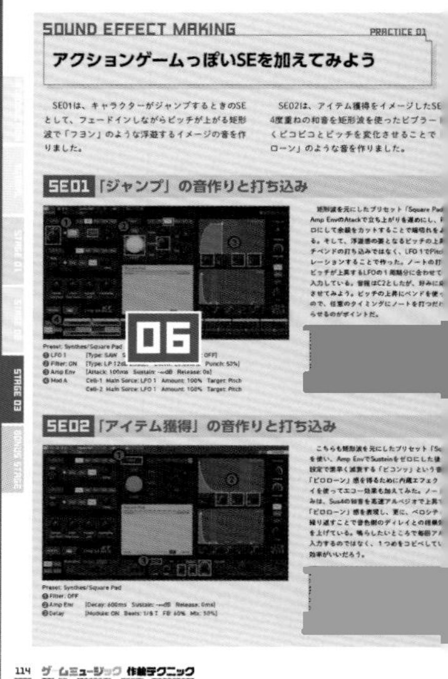

01 サンプル曲をオーディオで聴けるQRコード

02 サンプル曲の概要

03 参考にしたゲームの作品解説

04 サンプル曲のトラック詳細／音色解説

05 打ち込みテクニックポイント解説

06 SE打ち込みテクニック解説

※参考作品の発売社名は販売当時の名称を使用しています。

※解説画面は、制作時に使用したStudio One Primeです。最新バージョンでは画面が変更される可能性があります。あらかじめご了承ください。

ゲームに不可欠な効果音（SE）を付けてみよう

本ステージでは、これまで同様に様々なジャンルの
ゲームミュージックの作り方を学ぶとともに
ゲーム中に流れる「効果音（SE）」の作り方も紹介します

アクションゲームでプレイヤーがジャンプするときの音
格闘ゲームの打撃音、シューティングの弾を撃つ音や爆発音などなど
ゲーム中によく聞くサウンドの鳴らし方も学びましょう

PRACTICE 01

国民的アクション

「ジャンプ」「アイテム獲得」

**幅広い世代が楽しめるアクションゲームでは、
軽快なBGMがゲームの魅力を引き立てます。
ここでは、SFC『スーパーマリオワールド』の
「地上BGM」を参考にコミカルな曲を作ってみました。**

DATA

ここから楽曲
データを聴こう

ABOUT SONG

**テーマパーク風のテイストを
取り入れるのがオススメ！**

キャラクターを操作して、横にスクロールする画面内の障害物をよけながらアイテムを獲得しつつゴールを目指すという、古くからある王道アクションゲーム風のBGMです。

曲作りの方向としては、適度なアップテンポで気分を盛り上げつつも、あまりハードな曲調や凝った展開にならないように注意。ストレートでわかりやすくコミカルなくらいがちょうどいいでしょう。例えば、アーリーアメリカンのようなフォークやウェスタン調、ラテン系や南国風味のサウンド、あるいは、もっと民族音楽寄りでもいいですね。

サンプル曲では、ドラムパートのハイハットが刻む軽快なビートに乗せて、“ブンチャカ……”と演奏するバンジョーのリズムと、ちょっとトボけたチューバが奏でるベース＋コードで伴奏を作り、テーマパークのBGM的な雰囲気にしてみました。そして、ミスマッチ感でコミカルさを強調する道具として、南国ムード漂うスティールドラムの音色でメロディを演奏。ここでは、参考にしたマリオっぽさを感じさせる要素として、メロディに2拍3連のリズムやアルペジオのようにダイナミックに動くフレーズを取り入れています。

さらに展開を足して曲のサイズを長くするなら、1～2小節目からメロディを抜いた伴奏を2回繰り返して4小節のイントロ＆間奏としたり、Aメロの流れを受け継ぐ形でメロディとコード進行が異なるBメロ相当を作成し加えていくことになるでしょう。

参考作品

『スーパーマリオワールド』

(1990年、任天堂)

「スーパーマリオ」シリーズ第4作。スーパーファミコンのローンチタイトルとしてハードと同時発売され、全世界で累計2,061万本を売り上げた記念碑的作品だ。ポップで明るい世界観を彩る楽しい音楽は、もちろん任天堂サウンドの象徴的存在である近藤浩治氏が担当。

トラックの詳細

テンポ＝240

TRACK	PART	ABOUT
1	Melody	Percussion/Steel Drum
2	Chord	Guitar/Banjo
3	Bass	wind & Brass/Tuba
4	Drums	Drum kits/Standard Kit

音色は、ドラム、チューバ、バンジョー、スティールドラムを選択。チューバのトラックを2つに分けて、低音をウッドベース、高音のコードをホンキートンクピアノに差し替えてみても面白いでしょう。曲のテンポはかなり速く「240」としましたが、「200」くらいまで下げると落ち着いた雰囲気になって、別アレンジの素材にも使えます。

最初に思い付いたモチーフは、1～2小節目のバンジョーの循環コードのパターン。そこにベース相当としてチューバの音色を加えたことで方向性が決まり、一気に伴奏を作成。最後に、マリオ要素を入れつつ邪魔にならないメロディを作って完成させました。

1 メロディ（スティール・ドラム）

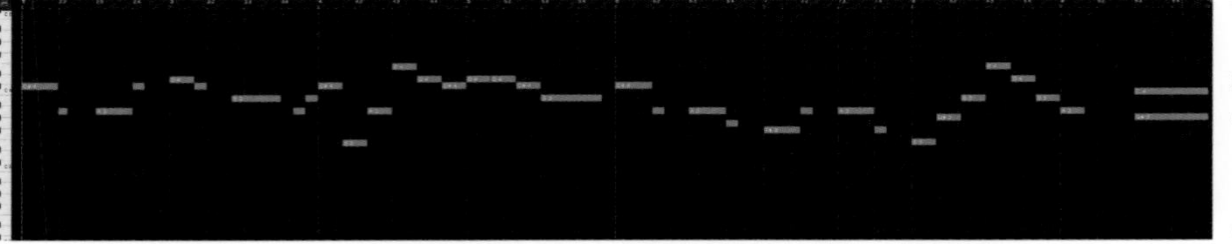

シンプルなリズムとゆったりとした音程の動きが基本。3～4小節目、7～8小節目の2拍3連のリズムとコードの音に沿って大きく動くところがマリオ風味のポイントだ。

2 コード1（バンジョー）

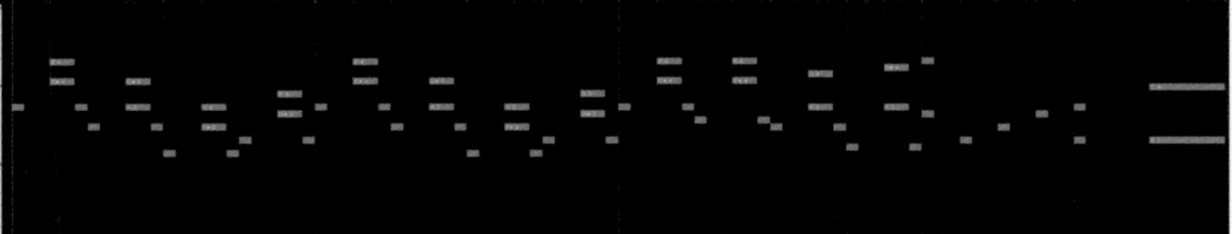

3声の和音を下1声と上2声に分けて、1拍目が「ブン」、2拍目が「チャッカ」で2拍単位の「ブンチャカ」したパターンを反復することで、コミカルさと軽快なリズム感を表現。

3 ベース＋コード2（チューバ）

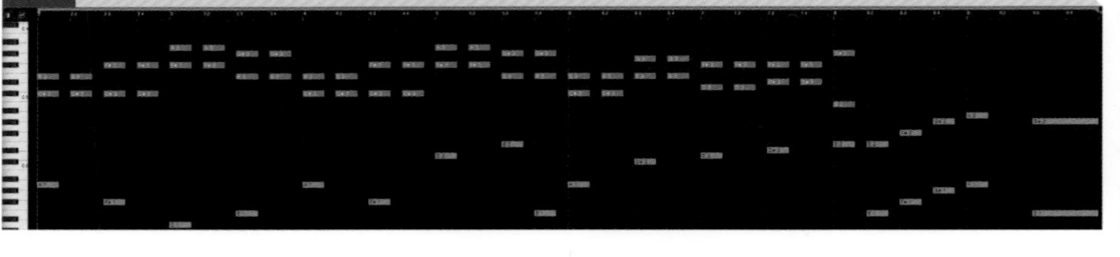

低音部の2拍、4拍のフレーズがチューバ相当のベースの本体。高音部の2声の和音は、管楽器の音色という扱いで、コードのパートをフォローしている。

4 ドラム（軽めの生ドラム）

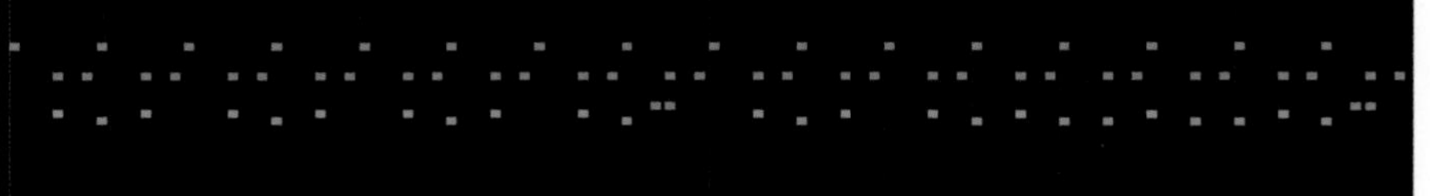

キック（C1）、リムショット（C#1）、スネア（D1）、クローズドハイハット（F#1）、オープンハイハット（A#1）

2拍4拍はスネアではなく軽い音のリムショットを使い、キックは1拍目を抜くことで、アップテンポのせわしない感じを軽減している。

アクションゲームっぽいSEを加えてみよう

SE01は、キャラクターがジャンプするときのSEとして、フェードインしながらピッチが上がる矩形波で「フヨン」のような浮遊するイメージの音を作りました。

SE02は、アイテム獲得をイメージしたSEとして、sus4の和音で高速アルペジオを打ち込み、疑似エコーに加えてエフェクターのディレイも使うことで「ピロロローン」のような音を作りました。

SE01「ジャンプ」の音作りと打ち込み

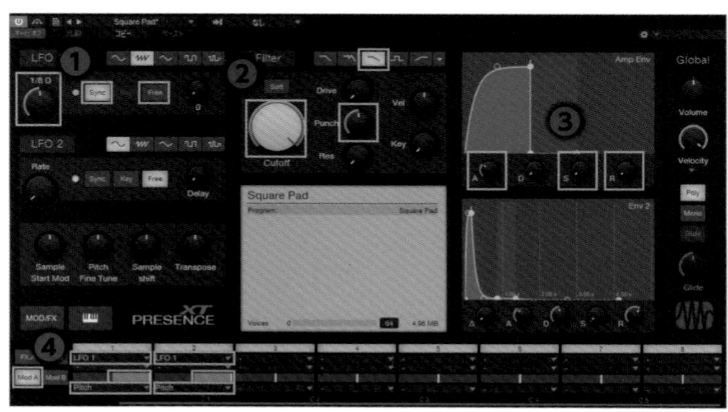

Preset: Synthes/Square Pad
❶LFO 1 [Type: SAW Sync: ON Rate: 1/8 D Free: OFF]
❷Filter: ON [Type: LP 12dB Ladder Cutoff: 20.00kHz Punch: 50%]
❸Amp Env [Attack: 100ms Sustain: -∞dB Release: 0s]
❹Mod A Cell-1 Main Sorce: LFO 1 Amount: 100% Target: Pitch
Cell-2 Main Sorce: LFO 1 Amount: 100% Target: Pitch

矩形波を元にしたプリセット「Square Pad」を使い、Amp EnvのAtackで立ち上がりを遅めにし、Releseをゼロにして余韻をカットすることで端切れをよくしている。そして、浮遊感の要となるピッチの上昇は、ピッチベンドの打ち込みではなく、LFO 1でPitchをモジュレーションすることで作った。ノートの打ち込みは、ピッチが上昇するLFOの1周期分に合わせて8分音符で入力している。音程はC2としたが、好みに応じて上下させてみよう。ピッチの上昇にベンドを使っていないので、任意のタイミングにノートを打つだけで音を鳴らせるのがポイントだ。

SE02「アイテム獲得」の音作りと打ち込み

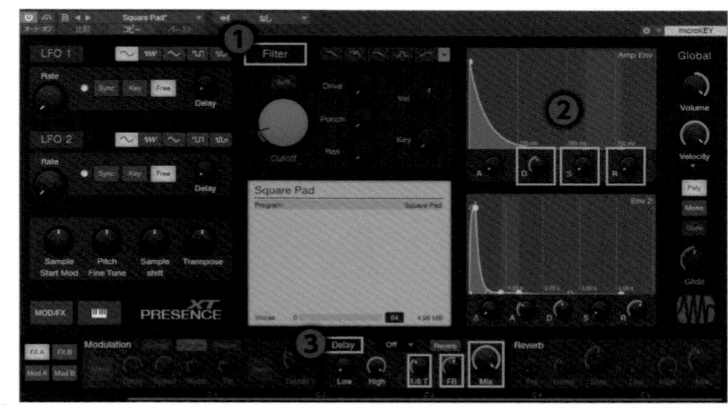

Preset: Synthes/Square Pad
❶Filter: OFF
❷Amp Env [Decay: 600ms Sustain: -∞dB Release: 0ms]
❸Delay [Module: ON Beats: 1/8 T FB: 60% Mix: 50%]

こちらも矩形波を元にしたプリセット「Square Pad」を使い、Amp EnvでSusteinをゼロにした後、Decayの設定で素早く減衰する「ピコンッ」という音色を作成。「ピロローン」感を得るために内蔵エフェクトのディレイを使ってエコー効果も加えてみた。ノートの打ち込みは、Sus4の和音を高速アルペジオで上昇することで「ピロローン」感を表現し、更に、ベロシティを下げて繰り返すことで音色側のディレイとの相乗効果で密度を上げている。鳴らしたいところで毎回アルペジオを入力するのではなく、1つめをコピペしていくと作業効率がいいだろう。

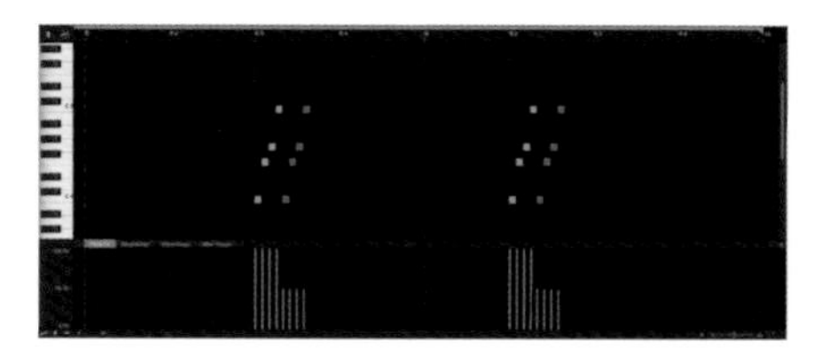

PRACTICE 02

3D対戦格闘

「風切り音」「打撃音」「ダウン音」

フレーム単位の駆け引きの中、巧みなレバーさばきで戦う格闘ゲームは、適度な緊張と高揚が得られる曲がマッチします。ここでは、『バーチャファイター』の人気キャラ「AKIRA」のBGMを参考に、戦いを盛り上げる曲を作ってみました。

DATA

ここから楽曲データを聴こう

ABOUT SONG

**血沸き肉踊る格ゲー音楽
「当時のセガ」らしさあふれるサウンド**

仮想空間で格闘家になり、相手との駆け引きの緊張感と技が決まった時の爽快感が心地よい、格闘ゲームのBGMです。曲作りの方向ですが、かつては、日本人キャラなら和風、中国人キャラな中華風の曲というように、キャラクターの国籍に合わせた曲を用意するという特徴がありました。しかし最近では普通にキャラのイメージに合わせたテーマ曲や、ステージの雰囲気に合わせたBGMが主流ですね。全体としては、格闘の力強さが表現できるロック系の曲が主軸となるでしょう。

サンプル曲は、ロックというよりは参考にした『バーチャファイター』が登場した頃のセガの楽曲のイメージを取り入れる方向で作っています。具体的には、リフを刻むピアノの音と、そのコードの中に7thやテンションをさりげなく入れるあたりでしょうか。格闘の曲としてのポイントは、拍にアクセントを付けたドシッとしたリズムを基本に力強さと適度な緊張感を作り、そこにキックやベースで細かいリズムを絡めることで躍動感を加えています。また、メロディに代わって派手なオケヒをアクセントとして入れて、高揚感を煽ってみました。

尺を伸ばす場合、Bメロやサビ的な展開をすると緊張感が削がれるので、同じコード進行のままバックのアレンジを変えたバリエーションを作って継ぎ足すといいですね。例えば、ドラムのスネアを抜いてキックを4つ打ちにしたり、ベースを白玉にして細かい動きを止めたパターンを間奏として挿入し、展開ではなくタメを作ってみましょう。

参考作品

『バーチャファイター』

(1993年、セガ)

フルポリゴンで制作された3D格闘ゲームとしてゲーム史に名を刻んだ名シリーズの第1作。鈴木裕氏率いるセガAM2研の技術力はまさに"次世代"を感じさせるインパクトを示した。当時アーケードに集う格闘ゲーマーの精神を高揚させた音楽は中村隆之氏が担当。

トラックの詳細

テンポ＝123

TRACK	PART	ABOUT
1	Melo	Effects/Orchestra Hit
2	Chord	Keyboard/Grand Piano
3	Bass	Bass/Smack Bass
4	Drums	Drum Kits/Processed Kit 2

音色は、90年代的なハデなドラム、スラップベース、ピアノ、そして、オーケストラヒット（オケヒ）を選択しています。こんなパターンを刻むピアノは、KORG M1のPCMピアノの音色だとベストですね。オケヒはアクセントを付けたいときに重宝しますが、使いすぎは厳禁かと。テンポは、速すぎず遅すぎずといったイメージで、早歩きくらいの「123」としました。

参考曲でも伴奏の主軸となっているピアノのリフで曲の骨格を作り、そこにドシッとした4つ打ち主体のベースと細かなキックを絡めたリズム隊を足して伴奏が完成。メロディはあえて省略し、フィルイン的に考えていたオケヒをメロの代わりとしました。

1 メロディ（オーケストラヒット）

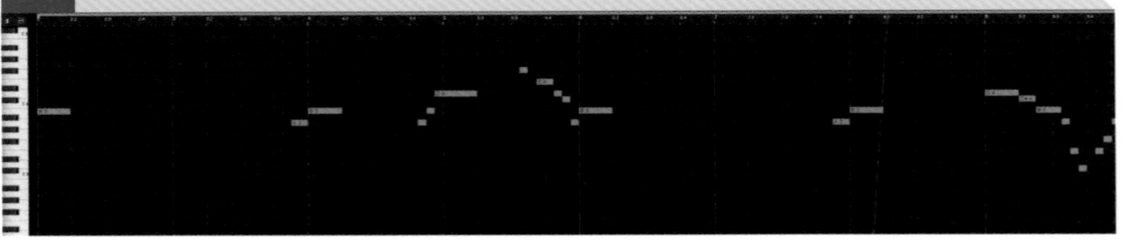

メロディというよりは、ドラムのシンバルのように1拍目にアクセントを付けたり、フィルインのように4小節目、8小節目にアクセントとなるフレーズを入れてみた。

2 コード（ピアノ）

ダイアトニックコードの平行移動による2小節パターンだが、コード進行に合わせてベースが動くことで、同じフォームのまま7thやテンションを含むコードになる点に注目。

3 ベース（スラップベース）

歯切れのいいルートの4つ打ちを基本に、7thを引っかけたオクターブの動きやキックと絡みつつ裏拍を打つリズムを入れていくことで、安定感と躍動感の両方を狙ってみた。

4 ドラム（ハデなドラム）

ピアノと並んで当時のセガっぽさを感じさせるライドシンバルの裏打ちとタンバリンでビートを刻み、手数＆足数が多いスネア＆キックでリズムの密度を上げている。

格闘ゲームっぽいSEを加えてみよう

SE01は空振りをした時の「シュッ」という風切り音、SE02はヒットした時の「ドスッ」という打撃音。そして、SE03はクリティカルヒットでダウンした時の「バシーン」という派手な打撃音。打撃系の音色は波形編集で作成することが多いが、ここではシンセの効果音系の波形を加工して再現しました。

SE01「風切り音」の音作りと打ち込み

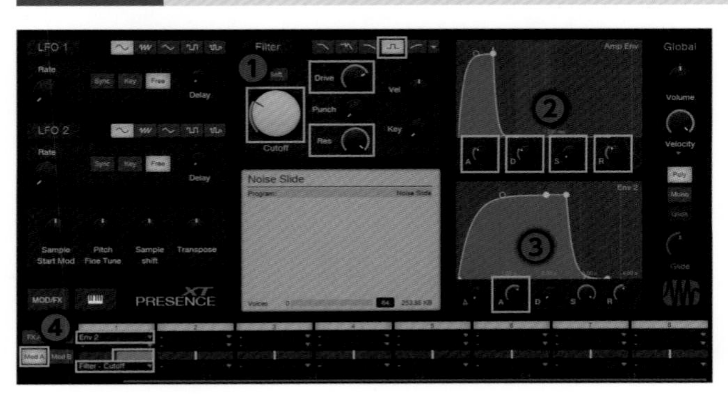

Preset: Effects/Noise Slide
❶ Filter: ON [Type: BP 12dB Ladder Cutoff: 138.4Hz Drive: 75% Res: 100%]
❷ Amp Env [Attack: 101ms Decay: 600ms Sustain: -∞dB Release: 168ms]
❸ Env 2 [Attack: 2.172s]
❹ Mod A Cell-1 Main Sorce: Env 2 Amount: 100% Target: Cutoff

ノイズを元にしたプリセット「Noise Slide」を使い、BPに設定したFilterでハイとローをカットした後にResでクセを付けて風っぽい音色に変更。Env2でCutoffをモジュレーションすることで音色に動きを付けつつ、Amp Envでは音量の立ち上がりを遅めにしてDecayで一気に減衰させることで「シュッ」という鋭い風切り音に仕上げた。ここでは同じ音程で打ち込んでいるが、音程差をつけることで風切り音のニュアンスを変えることもできる。

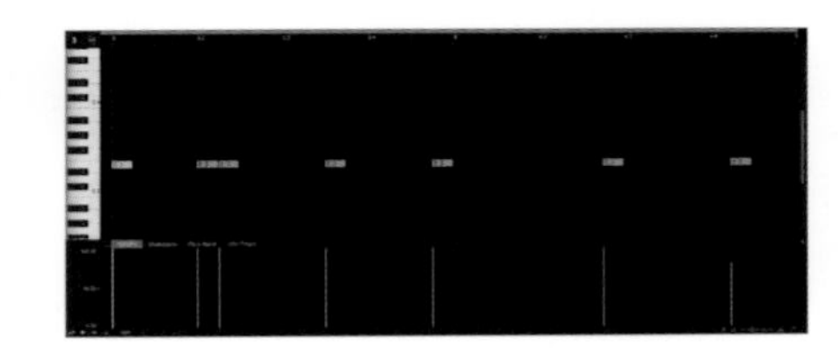

SE02「打撃音」の音作りと打ち込み

Preset: Effects/Gun Shot
❶ Filter: ON [Drive: 50% Punch: 65% Res: 12%]
❷ Amp Env [Decay: 877ms Sustain: -∞dB Release: 168ms]

銃声をサンプリングしたプリセット「Gun Shot」は、そのままでも打撃系の効果音っぽい音なので、Amp EnvのDecayで歯切れよく減衰するように調整するだけでも十分だろう。また、もう少し打撃っぽさを強調するために、FilterをONにしてDriveとPunchで荒々しさを加えてみた。打ち込みでは、C4～C5付近で音程差を付けながら短いノートを入力することで、パンチやキック、左右の手足など攻撃の違いが感じられるようにした。

SE03「ダウン音」の音作りと打ち込み

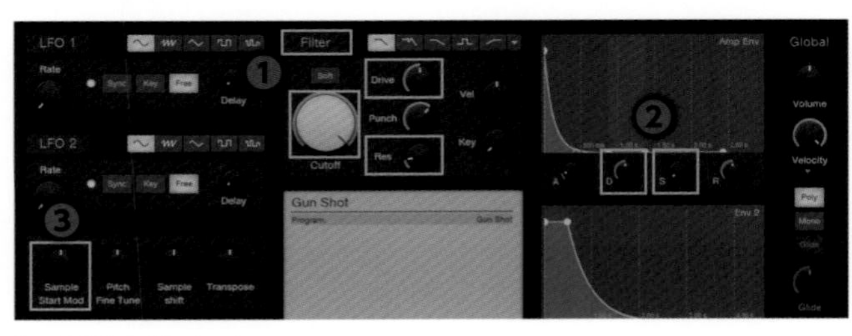

Preset: Effects/Confussion
❶ Filter: ON [Cutoff: 8.73kHz Drive: 50% Punch: 50% Res: 68%]
❷ Amp Env [Decay: 1.594s Sustain: -∞dB]
❸ Sample Start Mod: 21000

金属音をサンプリングしたプリセット「Confussion」も打撃系の素材にしやすい音色だ。まず、立ち上がりが遅いので、Sample Start Modで波形の開始位置を後ろへズラしてノートオンと同時に発音するように設定。そして、Amp EnvのDecayの調整で「バーン」と程よく減衰させた。また、金属的な響きを軽減するため、Filterで高域を削りつつDriveやPunchで荒々しさも追加。打ち込みは、高低差のある２音の発音タイミングを微妙にズラして入力して「バシーン」と響く感じを表現した。

PRACTICE 03

推理サスペンス

「テキスト表示」

自分の選択で物語が展開していく小説を読むように楽しむノベルゲームでは、BGMがドラマチックに物語を演出します。ここでは、『かまいたちの夜』の「ひとつの推理」を参考に推理サスペンス系の曲を作ってみました。

DATA

ここから楽曲データを聴こう

ABOUT SONG

少ないパート数と執拗な反復が物語を効果的に彩る！

画面に表示される情景や登場人物の語りを参考に、物語の登場人物の1人となって推理していくサスペンス系のアドベンチャーゲームのBGMです。

曲作りは､いわゆる「劇伴」と呼ばれる方向性で､一般の歌モノやインスト曲のような主張の強い曲調とは異なる、少ないパート数と反復の多いシンプルなアレンジが特徴。例えば、アルペジオや白玉の和音で循環コードを演奏するだけでもコードや音色の選び方次第で場面を演出するBGMとして成り立ちますし、それで物足りないときはアクセント的なパートを加えたり、転調で変化を付けると効果的です。

サンプル曲は、2小節パターンを淡々と繰り返すアルペジオを中心に、バキッとしたスラップベースの短いフレーズを要所に挿入して変化をつけています。また、リズムパターンを叩くドラムではなく、パーカッションとしてライドシンバルとカバサを入れることで、リズム的にもアクセントを付けてみました。そして、ループ回の変化の要素として、ゆったりとしたストリングスでメロディとオブリの中間的なパートを加えます。

尺を伸ばす場合は、アルペジオだけ、ベースとパーカッションを加えたもの、さらに、ストリングスを加えたものというように、4つのパートの組み合わせや重ね方を変化させつつ反復させるといいでしょう。また、バリエーションとして、全体を3度上にトランスポーズしたものを次のループ回で使えば、さらに延長していくことが可能です。

参考作品

『かまいたちの夜』

(1994年、チュンソフト)

言わずと知れた、サウンドノベルというジャンルの代名詞的存在が『かまいたちの夜』シリーズだ。豊富な分岐、本格的なシナリオで幅広い支持を得ている。特に有名な1作目（SFC版）では、中嶋康二郎氏、たくまることと加藤恒太氏がスリリングな音楽を担当している。

トラックの詳細

テンポ＝122

TRACK	PART	ABOUT
1	Melo	Strings/Matrix Strings
2	Chord	Perccusion/Celeste
3	Bass	Bass/Smack Bass
4	Drums	Drum Kits/Standard Kit

音色は、チェレスタ、スラップベース、ストリングス、ドラムの4つをセレクト。チェレスタは、グロッケンやシンセベルなどキラキラした減衰系の音と差し替えてみてもいいですね。また、ベースの代わりにピアノの低音部を使って「ゴーン」と響かせてみても面白いでしょう。テンポは、思考を邪魔しないちょうどいいペースの「122」としてみました。

まず、中心となるアルペジオの作成からスタート。発想の原点は、昔のホラー映画『エクソシスト』や『サスペリア』のBGMですね。そこに、スラップベースとパーカションで動きと変化を作り、最後に、ストリングスのメロ（オブリ）を足して完成させました。

1 メロディ（ストリングス）

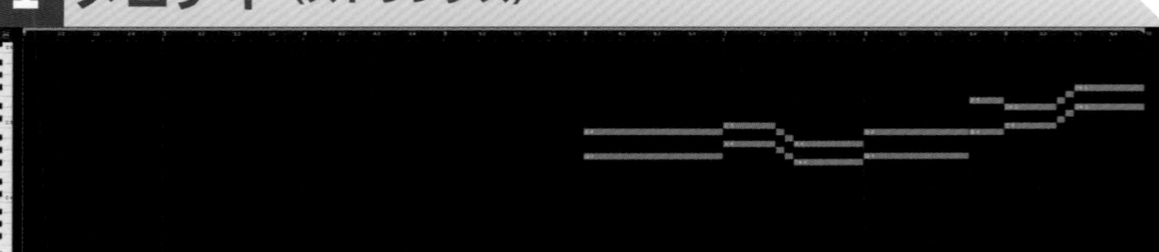

メロディというよりパターンの反復に変化をつけるオブリ的なポジション。初回はもっとシンプルにコード的な白玉にして、ループ回にこのフレーズを登場させるのもいい。

2 シーケンス（チェレスタ）

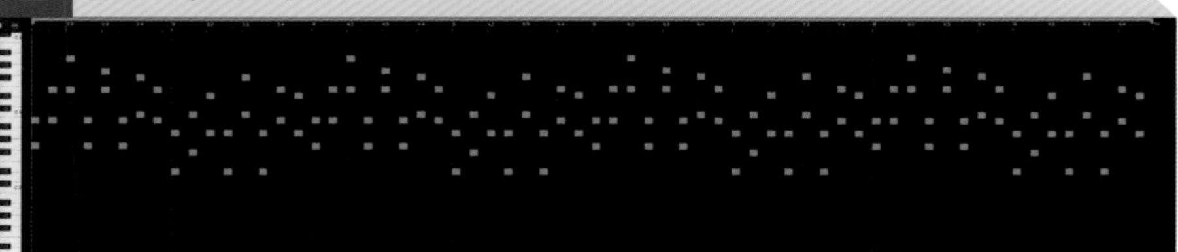

単純な「ドソミソ」っぽいアルペジオにならないよう注意しながら2小節のパターンを作成し、その下にコードの音を使ってもう1音追加することで音を豊かにしている。

3 ベース（スラップベース）

前半は、アルペジオの2小節パターンの先頭（奇数小節の1拍目）にアクセントを付けるイメージ。後半は、動きを追加したり高い音域に和音を足すことで変化を付けてみた。

4 パーカッション（ライド＆シェイカー）

カバサやシェイカーを使って「シャッ」というノイズを繰り返しつつ減衰させ、それに続いてライドシンバルで「チキチーン」と合いの手を入れるパターンを繰り返す。

ノベルゲームっぽいSEを加えてみよう

SE01は、音声で喋らないタイプのゲームで用いられる、会話テキストを表示する際の「ピピピ…」という音を再現しました。

減衰する短い矩形波を使い、文字の表示タイミングをイメージしつつ適度に句読点の間を作りながら鳴らすといいでしょう。また、男性は低く、女性は高くというように音程を変えれば、喋っている人物の違いを音で表現することもできます。

SE01「テキスト表示」の音作りと打ち込み

矩形波を元にしたプリセット「Square Pad」を使い、Amp EnvでSusteinをゼロにした後、Decayの設定で素早く減衰する「ピッ」という音色を作成。クリック音的な歯切れの良さを得るために、Decayをかなり短く設定するのがコツだ。

Preset: Synthes/Square Pad
❶ Filter: OFF
❷ Amp Env [Decay: 116ms Sustain: -∞dB Release: 0s]

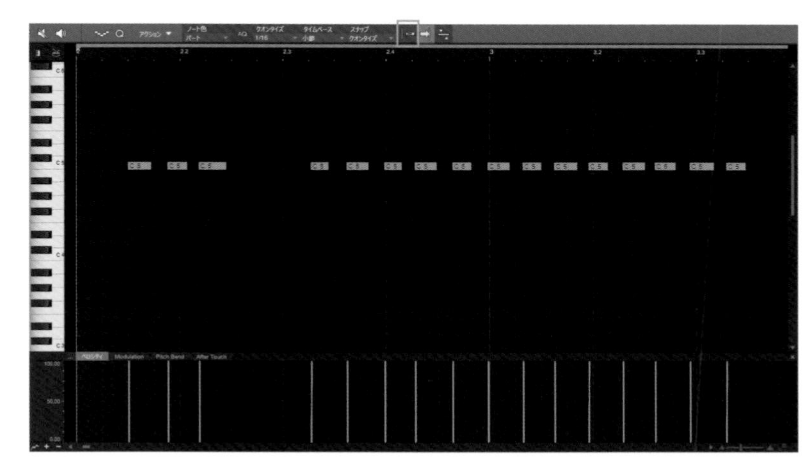

打ち込みは、ピアノロールのスナップ機能をOFFにした状態でグリッド線に関係なく等間隔で短いノートをいくつか入力したものをコピペして延長。その後、句読点に相当する部分のノートを削除して間を作っている。

PRACTICE 04

シューティング

「発射音」「爆発音」

80年代のゲーセンの主役だったシューティングゲームでは、チープな音源ながらも熱い曲を聴くことができます。ここでは、『グラディウス』のステージBGMを参考に、往年のコナミをイメージしたサウンドを作ってみました。

DATA

ここから楽曲データを聴こう

ABOUT SONG

当時のコナミらしさを再現しつつ気分が高揚するアレンジを施す

自動スクロールで横に向かってステージを移動しながら、続々と登場する敵機を撃墜し、手に入れたアイテムでパワーアップしてラスボスを目指すという展開で一世を風靡した、横スクロールシューティング風のBGMです。

曲作りの方向は、やはりアップテンポで気分が高揚する曲というのが大前提でしょう。わかりやすいところでは、ロック系の快活な曲になるのでしょうか。また、ステージの雰囲気によっては、重々しい曲や恐怖心を煽る曲なんかも登場します。このあたりは、RPGの曲作りにも近いところがありますね。

サンプル曲では、3連のリズムパターンと、メジャーキーながら同主調やその並行調からマイナーキーの和音を借りて展開していくコード進行を使って、参考にした『グラディウス』を含む当時のコナミのシューティングBGMっぽさを再現してみました。アレンジ面に関しては、賑やかな伴奏パートのアルペジオがポイントで、これは発音数とパート数の少なさをカバーするためにゲームBGMでよく用いられていた定番のテクニックの1つです。

ちなみに、サンプル曲の展開はAメロとBメロをそれぞれ半分に切り詰めたようなもの。そこで、2回ずつ繰り返してつなぎ目など細部を調整すれば、余裕も出てきて序盤ステージの世界観にマッチしたスケールの大きさを感じる曲調に仕上がります。

参考作品

『グラディウス』

(1985年、コナミ)

アーケード版のヒットを受けて数多くのハードに移植された、横スクロール型シューティングの金字塔。この作品の大ヒット以降、同作のシリーズや後継作品を含め、数多くの"横シュー"が生まれた。スペーシーで胸躍る音楽を担当したのはMIKI-CHANGこと東野美紀氏。

トラックの詳細

テンポ=153

TRACK	PART	ABOUT
1	Melo	Synth/Square Pad
2	Chord	Keyboards/Harpsichord
3	Bass	Bass/Warm SEM
4	Drums	Drum kits/Percussive Kit 2

音色は、80年代のアーケード機っぽさを狙って、メロを取る矩形波のリードにシーケンスを刻むFM音源のギラついた減衰音、Lo-FiなPCMのドラムといったイメージで選んでいます。ドラムをビットクラッシャー等で荒らすと、もっと雰囲気が出てくるでしょう。曲のテンポは、忙しくならない程度のアップテンポということで「153」に設定してみました。

まずは、3連のドラムとオクターブを動くベースから作り、そこにゲームBGMらしいアルペジオでコード進行を絡めて曲の骨格を作成。それを伴奏に「さあ、いくぞっ！」という序盤ステージっぽさを感じさせるような元気のいいメロディを作りました。

1 メロディ（シンセリード）

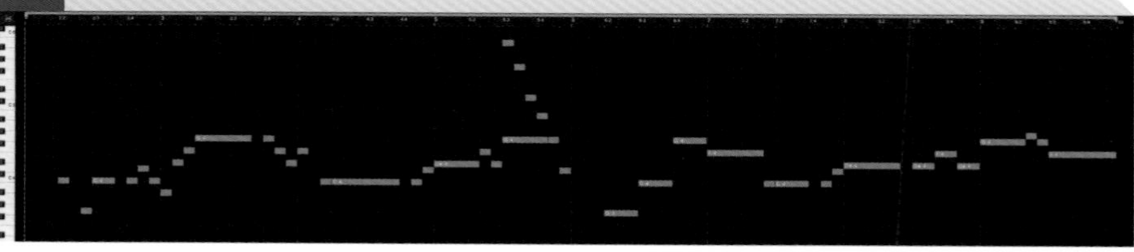

進軍ラッパ的な「タッタター」というリズムで軽快に進む前半と、ゆったりしたリズムで流れるように進む後半。そして、その2つを繋ぐピコピコ・アルペジオがポイントだ。

2 コード（シンセ・ディケイ）

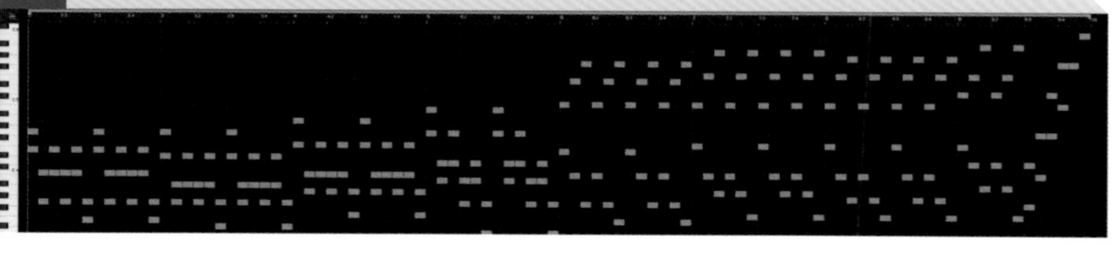

前半は拍単位で下降する2声のアルペジオ、後半は高音部は上昇、低音部は下降と逆に動くことで変化を付けている。最後にはゲームっぽさを強調する駆け上りも入れてみた。

3 ベース（シンセベース）

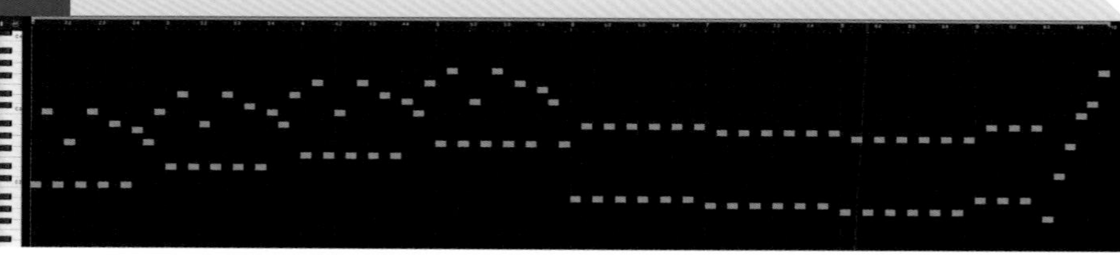

基本はルートをオクターブ交互に弾く単純なものだが、3連リズムでは奇数拍と偶数拍で高低の動きが入れ換わるので、意外とダイナミックなベースラインができあがる。

4 ドラム（生ドラム）

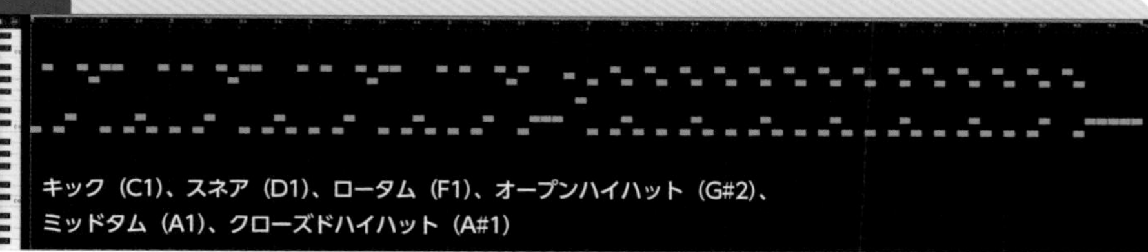

前半は3連の裏拍をうまく使った細かいリズムに対して、後半はオープンで拍を刻むハイハットと2拍3連を打ち続けるキックで大きなリズムを刻んで、流れを変えてみた。

シューティングゲームっぽいSEを加えてみよう

SE01は、自機の武器として初期装備のビームをイメージしたもので、ピッチの高い矩形波の減衰音の立ち上がりに急なピッチ変化を加えて「ギョン」というような音を作りました。

SE02は、ビームが敵機にヒットした際の爆発音で、減衰するノイズ音をフィルターでスイープして音色に動きを付けることで「ボフンッ」というような感じの音を作りました。

SE01「発射音」の音作りと打ち込み

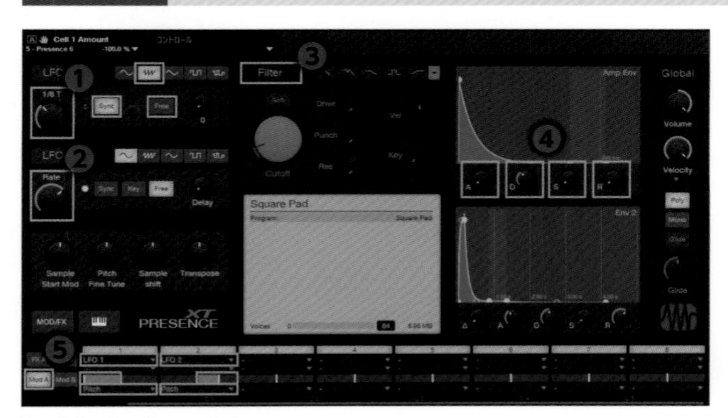

Preset: Synthes/Square Pad
❶ LFO 1 [Type: SAW Sync: ON Rate: 1/8 T Free: OFF]
❷ LFO 2 [Rate: 103.3Hz]
❸ Filter: OFF
❹ Amp Env [Attack: 0ms Decay: 198ms Sustain: -∞dB Release: 0s]
❺ Mod A Cell-1 Main Sorce: LFO 1 Amount: -100% Target: Pitch
Cell-2 Main Sorce: LFO 2 Amount: 18.5% Target: Pitch

矩形波を元にしたプリセット「Square Pad」を使い、まず、Amp Envで短く減衰するように設定。ビーム的な音色の変化のポイントはLFOによるピッチのモジュレーションで、LFO 1はSaw波形を使った急激なピッチの下降で「キュン」という変化を作り、LFO 2で高速なビブラート効果を加えて音を濁らせることで「ギュン」というようなビームっぽさを表現した。打ち込みは、半音違いの短いノートを素早く交互に入力することで、ビームを連射している様子を再現している。

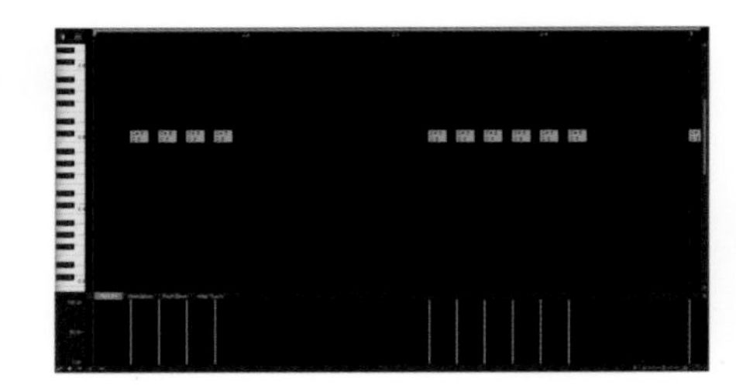

SE02「爆発音」の音作りと打ち込み

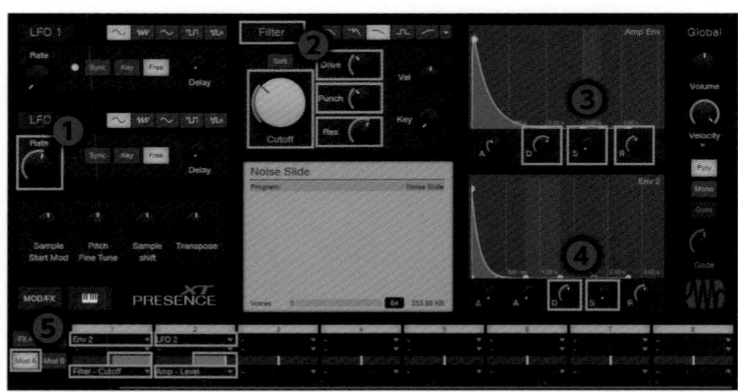

Preset: Effects/Noise Slide
❶ LFO 2 [Rate: 50.22Hz]
❷ Filter: ON [Type: LP 12dB Ladder Cutoff: 182.4Hz Drive: 35% Punch: 35% Res: 60%]
❸ Amp Env [Decay: 2.904s Sustain: -∞dB Release: 720ms]
❹ Env 2 [Decay: 800ms Sustain: -∞dB]
❺ Mod A Cell-1 Main Sorce: Env 2 Amount: 100% Target: Cutoff
Cell-2 Main Sorce: LFO 2 Amount: 50% Target: Amp-Level

ノイズを元にしたプリセット「Noise Slide」を使用。まず、Amp Envを程よく減衰するようにエディットした後、FilterのCuttoffをEnv2でモジュレーションして減衰に合わせてフィルターが閉じていくように設定。Resを上げて音色にクセを付けつつ、DriveとPanchで荒々しさを付加して「ボンッ」のような爆発っぽい音を作成。更に高速なLFO 2でCutoffを揺らして「ビョン」と音を濁らせつつ、迫力が増すよう打ち込みでは音程の異なる2音をタイミングを微妙にズラして入力。ちょっと人工的な「ビョビョン」というような爆発音を完成させた。

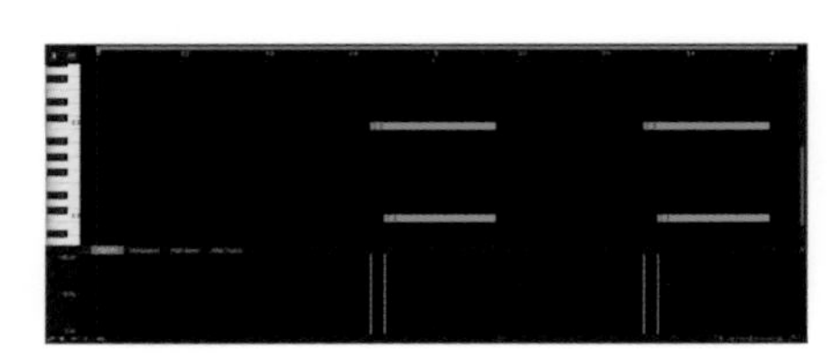

PRACTICE 05

落ちモノパズル

「移動音」「落下音」

長時間ハマってしまうパズルゲームでは、
思考の邪魔にはならないけれど飽きることのないBGMが重要。
ここでは、『ぷよぷよ』の「Theme of Puyo」を参考に、
淡々とした中に適度な変化がある曲を作ってみました。

DATA

ここから楽曲
データを聴こう

ABOUT SONG

コミカルな雰囲気を醸しつつ淡々と進む8ビートを刻もう

上から落ちてくるアイテムを重ねたり繋げたりしながら組み合わせて消していく落ち物パズルゲーム風のBGMです。

曲作りの方向としては、適度に気分を盛り上げつつも、思考の邪魔にならないような曲調を意識します。例えば、リズムの起伏が少なくて淡々と進むような感じですね。そういった意味では、メリハリの効いた展開をするポップスやロックよりも、フレーズの反復が多い4つ打ちテクノのシンセミュージックなんかとの相性がいいジャンルと言えます。

サンプル曲では、参考曲に倣って1拍3拍のキックと2拍4拍のスネアが作るシンプルなリズムと淡々と8分のビートを刻むコードパートを中心に展開してみました。

通常、ビートの表拍と裏拍にメリハリをつけてグルーヴ感を…なんて話になりますが、むしろ変化は付けない方がクールな感じになって、思考を邪魔せず良い結果が得られます。

ただ、変化が少ないのも面白みに欠けるため、動きのあるベースラインを反復させることでフォローしています。これも8分のルート弾きでは骨太で主張が強まりすぎてしまうので、動くことで逆に存在を希薄にしている感じでしょうか。

もうちょっと尺を伸ばすなら、前半の伴奏をイントロ＆間奏とし、前半、後半をそれぞれ2回繰り返して倍にするといいでしょう。単純なコピペではなく、繰り返す手前のつなぎ目にはアレンジが必要です。

参考作品

『ぷよぷよ』

(1991年、コンパイル)

『テトリス』と並ぶ、いわゆる“落ち物パズル”の定番ゲーム。初代と2作目『ぷよぷよ通』の音楽は、田中勝己氏、松島剛史氏、MATS（塚本雅信）氏、迫田敏明氏らによるもの。現在ではコンパイルから権利を受け継いだセガがシリーズの開発・販売を行なっている。

トラックの詳細

テンポ＝122

TRACK	PART	ABOUT
1	Melo	Synth/P5 Brass
2	Chord	Keyboards/Harpsichord
3	Bass	Bass/Moog Bass
4	Drums	Drum Kits/Percussive Kit 2

音色は、生ドラム、シンセベース、減衰系のシンセ、シンセリードと、電子音中心です。参考曲とイメージが近いものを選びましたが、メロの音色を変えると雰囲気が変わるので、打ち込んだあとで他の音色も試してみましょう。曲のテンポは、ちょっと速いペースで歩いているくらいの「122」に設定しました。

曲作りのスタート地点は、前半の7thを絡めたコード進行とブルーノートを含むメロディです。伴奏が淡々としている分、アクの強い音で色を付けようというコンセプトですね。そうやって曲のアウトラインを作った後、参考曲のアレンジで仕上げています。

1 メロディ（シンセブラス）

1小節目のように、フレーズに7thやマイナー3rdなどブルーノートを入れると、アクが強くなると同時にコミカルな雰囲気にもなるので、この種の曲と相性がいい。

2 シーケンス（シンセディケイ）

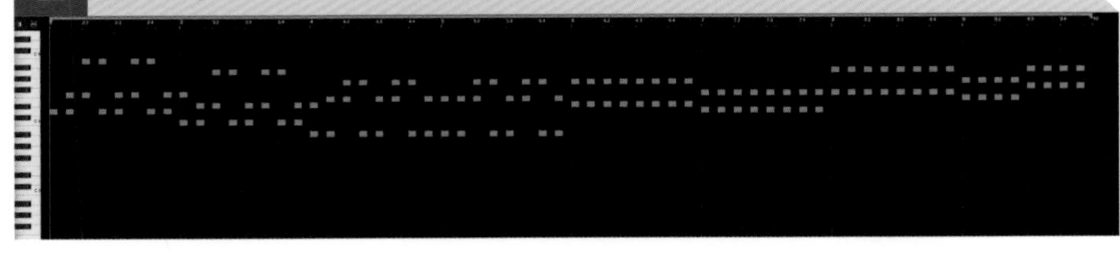

パルス波の減衰音のイメージで、PCMのハープシコードを音色に選択。2声の8分刻みを基本に、前半は半拍ズレのアルペジオを重ね、後半を和音にすることで変化を作った。

3 ベース（シンセベース）

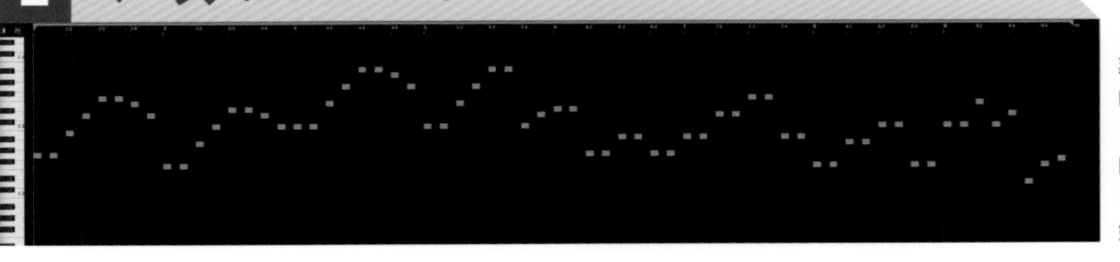

スタッカート気味の8分刻みで演奏して軽快な雰囲気を作った。音程の動きは、山形に上昇／下降する1小節パターンをコードに合わせて平行移動しているだけだ。

4 ドラム（ドラムマシン）

生ドラムのプリセットだが、80年代のドラムマシンのようなスネアの音がポイント。このレトロである種のダサさを感じさせる音色で、淡白なリズムに彩りを添えている。

パズルゲームっぽいSEを加えてみよう

SE01は、落ちてくるブロックを左右へ移動させるときの音で、矩形波の減衰音で非常に短いオクターブの跳躍を打ち込み「ピコッ」というクリック的な音を作りました。

SE02は、位置が決まった後に落下させる時の音で、こちらはピッチをシャクり上げた矩形波のアタックを遅めにして「ヒヨッ」いう感じの音色を作っています。

SE01「移動音」の音作りと打ち込み

Preset: Synthes/Square Pad
❶ Filter: OFF
❷ Amp Env [Decay: 74.6ms Sustain: -∞dB Release: 0s]

矩形波を元にしたプリセット「Square Pad」を選び、FilterをOFFにしてAmp EnvのDecayとSustainの設定で減衰させただけというシンプルなサウンドだ。他のゲームでも同様のセッティングをした音色が登場しているが、こちらは非常に減衰が速いのが特徴だ。打ち込みは、C4からC5へ64分音符相当のタイミングで跳ね上げることで「ココッ」と歯切れのいいクリック音的な音色を作っている。

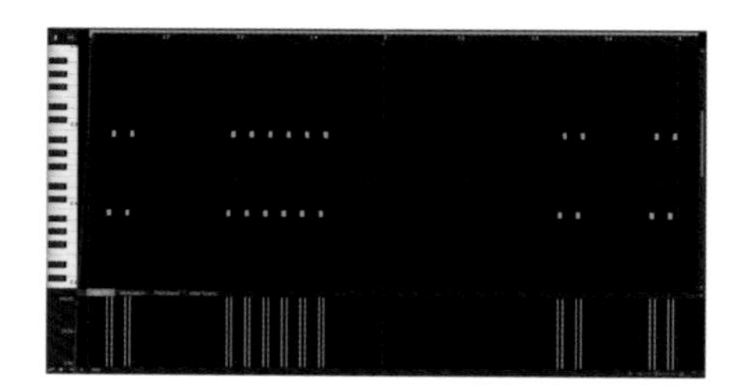

SE02「落下音」の音作りと打ち込み

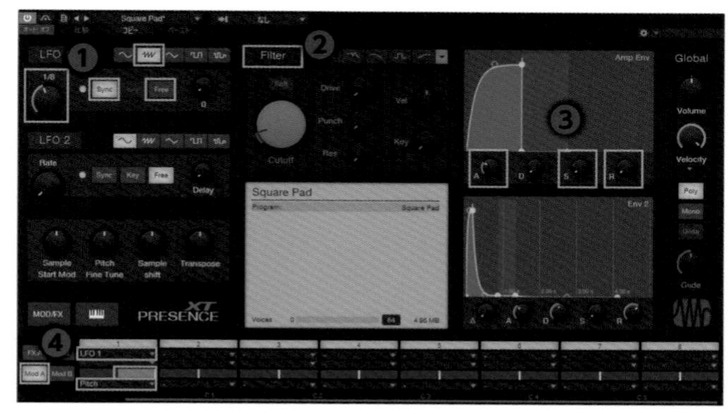

Preset: Synthes/Square Pad
❶ LFO 1 [Type: SAW Sync: ON Rate: 1/8 Free: OFF]
❷ Filter: OFF
❸ Amp Env [Attack: 74.6ms Sustain: -∞dB Release: 0s]
❹ Mod A Cell-1 Main Sorce: LFO 1 Amount: 100% Target: Pitch

こちらも矩形波を元にしたプリセット「Square Pad」を利用。設定のポイントはLFO 1によるピッチのモジュレーションで、Saw波形の傾斜を使って音程をシャクり上げる効果を加えている。FilterはOFF、Amp EnvのAttackによるスローな立ち上がりから断ち切るように一気にレベルゼロまで減衰することで逆回転的な「ヒヨッ」という音色に仕上げた。SE01もそうだが、矩形波を使った効果音はAmp Envによる音量の変化とピッチのモジュレーションで作っているのだ。

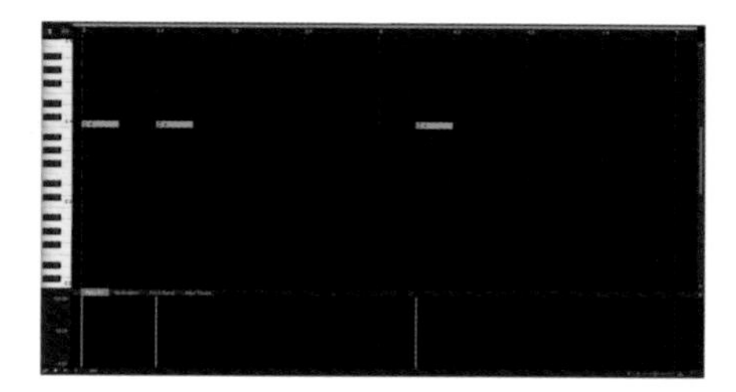

PRACTICE 06

3Dカーレース

「エンジン音」「スキール音」

**圧倒的なスピード感と敵車とのバトルがアツい
3D レースゲームには、ノリのいい BGM が似合います。
ここでは、『リッジレーサー』の「Ridge Racer」を参考に、
アップテンポで疾走感あふれる曲を作ってみました。**

DATA

ここから楽曲
データを聴こう

ABOUT SONG

**ロック～フュージョン系アレンジで
音楽でもスピード感を出そう！**

あたかも自身が運転しているような視点で強烈なスピードが疑似体験できるレースゲームのBGMです。曲作りの方向は、やはりアップテンポでノリのいい曲になりますね。定番のジャンルは、ハードロック、フュージョン、そして、テクノでしょうか。特に、参考にした『リッジレーサー』は、レースゲームとテクノを強烈に結びつけた立役者と言えます。一方、ロック～フュージョン系の人気も根強く、リアル系のレースゲームでは特に好まれる傾向があるようです。

サンプル曲は、テクノ全盛になる前の、ロック色が残っていた初代『リッジ』のメインBGMを参考に作成しました。まず、圧倒的に速いテンポと、前に突き進んでいく疾走感が気持ちいいリズム隊のグルーブの再現が重要。この中で、疾走感は小節をまたぐところのキックやベースのシンコペーションがポイントです。また、ハイハットやベースで細かなビートを刻まずに、大きく拍にアクセントを付けるようなパターンを演奏しているところも、グルーブに一役買っています。このリズムアレンジを参考曲から取り入れつつ、コード進行やメロディは、もう少しR&R色が感じられるような展開としてみました。

アップテンポゆえにサンプル曲の1サイクルは非常に短く、単純な繰り返しでは物足りないでしょう。まずは、メロを抜いた伴奏パートの1 ～ 2小節目を使ってイントロや間奏を作り、A'メロとしてその伴奏にコードパートのオルガンと絡むようなシンセのリフ（刻み）を入れると、参考曲っぽさを増加しつつ尺が伸ばせます。

参考作品

『リッジレーサー』

(1993 年、ナムコ)

ナムコが送り出したレースゲームの大ヒットシリーズ。どのシリーズ作品もナムコサウンドを強烈に打ち出しており、レースゲームの常識を塗り替えた歴代のサウンドトラックも評価が高い。音楽は佐野信義氏や、細江慎治氏、佐宗綾子氏ら豪華布陣。

トラックの詳細

テンポ＝270

TRACK	PART	ABOUT
1	Melo	Synth/Saw Synth
2	Chord	Keyboards/Organ 1
3	Bass	Bass/Smack Bass
4	Drums	Drum Kits/Percussive Kit 2

音色は、ドラム、スラップベース、オルガン、シンセリードを選択。ポイントはアタックが強くてキレのいいスラップベースの音で、この音色とフレーズが曲の雰囲気作りのキーになります。上モノの歪み＋レスリーなオルガンとブラス系のシンセリードはロック定番のキーボードサウンドですね。そして、曲のテンポは「270」と爆速になっています。

曲作りは、7thコードを使った2コード進行のループに合わせてメロディを作るところからスタート。形ができてから、参考曲のリズム隊アレンジを取り入れたドラムとベースを打ち込み、アルペジオや細かなリズムを刻むオルガンも加えて完成させました。

1 メロディ（シンセリード）

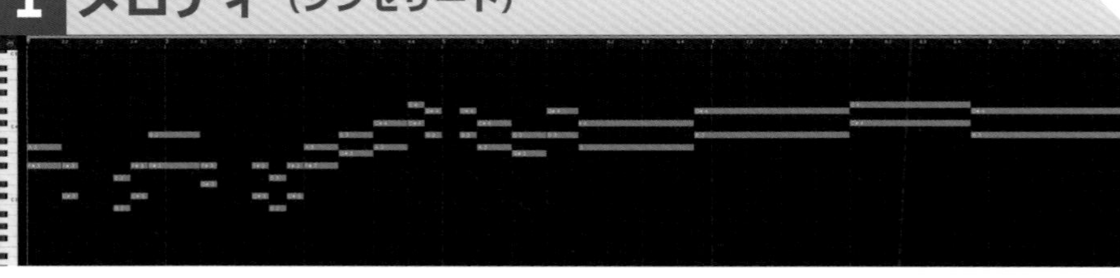

いわゆる「ペンタトニック」のスケールを使い、7thの音を強調してロックっぽさを表現。また、2声のハモリとすることで、ハデなリズム隊に負けないようにしている。

2 コード（オルガン）

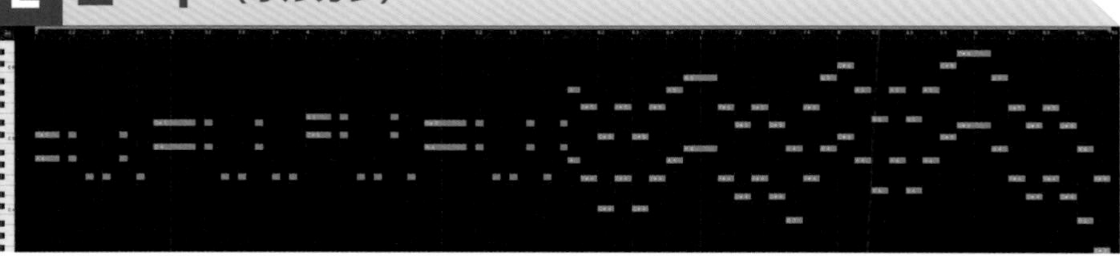

前半は、パーカッシブなオルガン奏法のイメージで細かく刻み、後半のメロを伸ばすところでは、高速のアルペジオを演奏することで変化をつけてみた。

3 ベース（スラップベース）

参考曲の拍単位で大きく刻むベースラインを踏襲。ペンタトニックを使い、要所に7thを絡めたり、次のルートへ向かって半音で上昇させるとR&R っぽい動きになる。

4 ドラム（生ドラム）

この種のアップテンポなドラムでは定番パターンの1つだ。拍を刻むオープンハイハットと、小節をまたぐところのキックのシンコペーションがポイントだ。

カーレースゲームっぽいSEを加えてみよう

レースゲームの定番としてエンジン音（SE01）とブレーキ時のスキール音（SE02）を用意しました。

参考にしたリッジレーサーの時代はリアルな音色でしたが、ここでは、シンセ音色と打ち込みで疑似的に再現しているため、ファミコン時代のゲームのような牧歌的なサウンドになっています。

SE01「エンジン音」の音作りと打ち込み

Preset: Synthes/Saw Synth
❶ Filter: OFF
❷ Amp Env [Attack: 252ms　Release: 0s]

ノコギリ波を元にしたプリセット「Saw Synth」を選び、少々立ち上がりが緩くなるようAmp EnvのAttackを調整し、不要な余韻をカットするためReleaseをゼロにした程度の簡易なエディットに留めている。ポイントは打ち込みの方で、半音重ね＋αの不協和音を鳴らし続けることでエンジン音の基礎を作り、ピッチベンドを使って音程を上げることでエンジン回転と速度の上昇感を、逆に音程を下げることで回転低下と減速感を表現していく。また、上昇した後に一気に下げ、そこからまた上昇するとシフトチェンジのニュアンスが得られる。

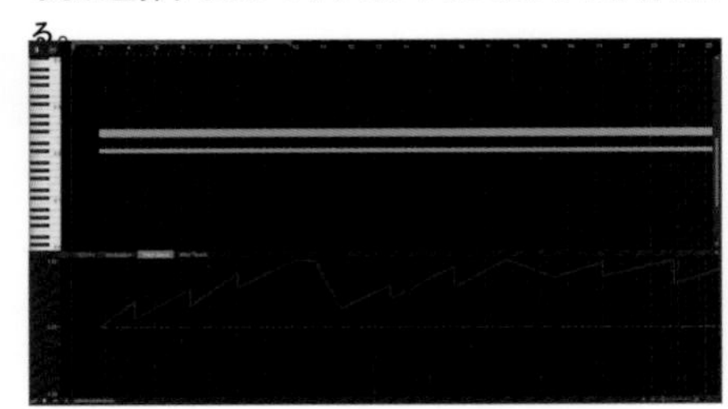

SE02「スキール音」の音作りと打ち込み

Preset: Effects/Flet Noise

「キュ」というギターのフレットノイズをサンプリングしたプリセット「Flet Noise」を選択肢、音色パラメーターにエディットは加えていない。ブレーキングやコーナリング時のタイヤのスキール音の雰囲気を出すために、半音ずらしの連打でキュキュキュ…とタイヤが滑って鳴いている様子を再現。また、ピッチベンドを利用し、鳴り始めでピッチが上がり鳴り終わるところで下がるようにして、滑り始めでギュッとタイヤに力が加わる感じと収まるところで力が抜けた感じを表現してみた。

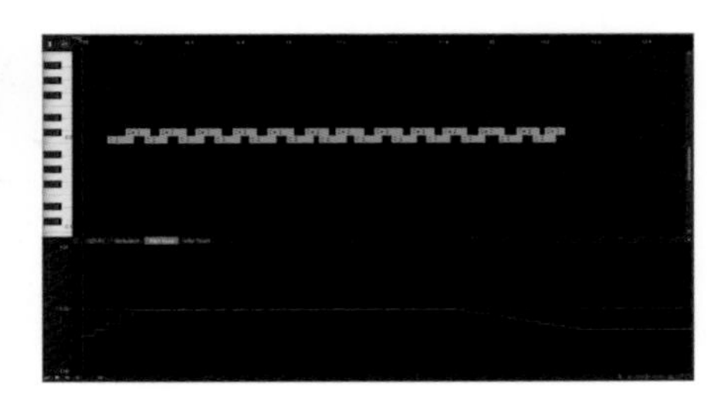

PRACTICE 07

RPGフィールド

「足音」

長い時間、繰り返し聴くことになるRPGのフィールド曲は、シンプルでも飽きさせない魅力的なメロやアレンジがポイント。ここでは、『ドラクエ Ⅰ・Ⅱ』の「荒野を行く」を参考に、壮大な旅路を暗示するようなちょっと影のある曲を作成ました。

DATA

ここから楽曲データを聴こう

ABOUT SONG

本格的なオケ知識がなくても楽器をオケ楽器に置き換えればOK ！

物語の世界で主役を演じるロールプレイングゲーム（RPG）で、様々な場所を巡るときに流れるフィールド系のBGMです。直接フィールドで敵キャラと戦うアクションRPGではフィールド系のBGMでもアップテンポでハードな曲が用いられますが、町や城、その他の場所を結ぶ広大なマップを移動していくフィールドならば、賑やかな曲よりも落ち着いた曲のほうがマッチするでしょう。

また、RPGは他のジャンルよりもオーケストラアレンジの楽曲が多く、最近の作品は本物のオーケストラで演奏されることもあります。でも、古き良き時代のRPGの雰囲気を再現するなら、本格的なオケのアレンジは不要。まずは、主要なパートをオケ楽器を使って演奏するところから始めるといいですね。

サンプル曲では、伴奏として昔のRPGのBGMでよく使われていた矩形波のアルペジオをハープの音色で再現。ドラム＆ベースのリズム隊はなく、ハープの低音部がベースを担当しています。メロディは、参考曲に倣ったゆったりとしたフレーズを作り、フルート、ストリングス、オーボエと楽器を変えて演奏することでオケっぽさを表現。更に、厚みを加えるために、コードパートとして白玉ストリングスをプラスしています。

スローテンポなのでそれなりの演奏時間がありますが、もっと伸ばすのならば前半4小節を2回に増やして、1回目はハープとメロだけでシンプルに、2回目は白玉ストリングスを重ねて重厚に…と変化をつけるといいでしょう。

参考作品

『ドラゴンクエスト』

(1986年、エニックス)

社会現象とも言える日本列島を巻き込んだ大ブームを経て、もはや日本の風物詩のように定着した国民的RPG。シリーズを通してナンバリング作品の音楽は巨匠・すぎやまこういち氏が手がけており、「序曲」をはじめとする名曲たちの認知度は老若男女問わず極めて高い。

トラックの詳細

テンポ=88

TRACK	PART	ABOUT
1	Melo 1	Winds & Brass/Flute
2	Melo 2	Winds & Brass/Oboe
3	Chord 1	Strings/Medium Orchestra
4	Chord 2	Percussion/Harp

音色は、フルート、ストリングス、ハープ、オーボエの4つの楽器を選択。ハープはピチカートストリングスで演奏してもいいですね。テンポは「88」と遅めの設定ですが、少し速くしてストリングスでリズムを刻み、後半にはホルンで厚みを加えると、強い意志で目的地に進撃していくような雰囲気のバリエーションが作れます。

前半は、コード進行を決めてハープのアルペジオを打ち込み、それに合わせてフルートでメロディを作っています。後半は、ストリングスでコード＋メロを打った後、オーボエを足しました。最後に、前半にストリングス、後半にハープを展開して完成です。

1 メロディ 1（フルート）

初回は1小節目からのスタートだが、実際は8小節目の最後から始まる弱起のフレーズだ。「タカター、タカター、タカター、タカタカ…」というリズムの反復がモチーフ。

2 メロディ 2（オーボエ）

先に作っていたストリングスの最高音をなぞるように、オーボエでメロディを補強。前半から続く「タカター」のリズムを取り入れて、このフレーズも弱起になっている。

3 コード 1（ストリングス）

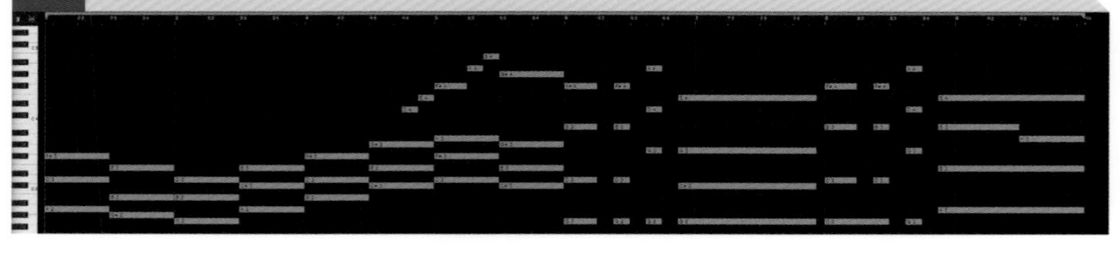

前半はクローズドボイシングで伴奏に徹し、後半はオープンボイシングでメロとコードの両方をカバー。また、3 .4小節目にはメロを輪唱するようなオブリも足している。

4 コード 2（ハープ）

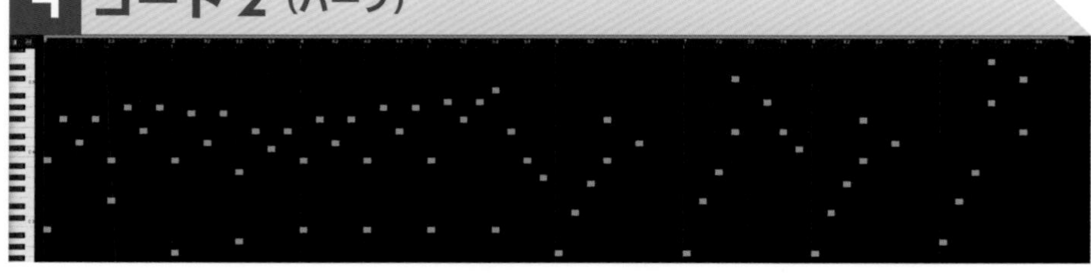

C4 ～ C5あたりでアルペジオを打ち込んだ後、1拍3拍に1オクターブ下でベース相当のルートを足している。後半は低い音域から始まる帯域の広いアルペジオにして変化を付けた。

RPGのフィールドっぽいSEを加えてみよう

フィールド移動中のSEは少ないので、ここでは、足音をイメージしたものを作成してみました。単純に「ザ」という短いノイズでもいいのですが、音量差をつけて反復させ「ザサッ」みたいな音を作ると大地を踏みしめているような感じが出てきます。同じ足音でも、洞窟や城では靴音のような「コッ、コッ」と鋭く立ち上がって短く減衰する音にするといいでしょう。

SE01 「足音」の音作りと打ち込み

ノイズを元にしたプリセット「Noise Slide」を使用。FilterのタイプとしてHPを選択し、Cutoffの調整で低域成分をカットすることで軽めのノイズ音色にしているのがポイントだ。Amp Envでは、Attackをやや遅めに設定して立ち上がりを柔らかくすることで土や草の上を歩いているようなニュアンスを作り、そこからスッとDecayで減衰させて「ザッ」という音色にしている。

Preset: Effects/Noise Slide
❶ Filter: ON [Type: HP 12dB Ladder　Cutoff: 295.8Hz　Drive: 100%　Punch: 10%]
❷ Amp Env [Attack: 63.8ms　Decay: 198ms　Sustain: -∞dB　Release: 0s]

打ち込みは、短いタイミングで同じノートを連打し、2発目のベロシティを下げることで「ザサッ」という変化を作ってみた。

PRACTICE 08

RPGバトル

「攻撃音」「経験値獲得」

フィールドなどで敵キャラと遭遇すると場面は一転、これまでとは違う緊張感のあるBGMが流れてきます。ここでは、『ファイナルファンタジーV』の「The Battle」を参考に、戦いの雰囲気を盛り上げる曲を作成してみました。

DATA

ここから楽曲データを聴こう

ABOUT SONG

ドラムとベースを中心に オケ楽器を加える方向でアプローチ

敵キャラとの戦闘で自キャラを育てていくのもRPGの醍醐味の1つ。そんな戦闘イベントで流れる勇ましいBGMです。曲作りの方向性としては、オーケストラアレンジのまま緊張感を煽る重厚な曲とするパターンと、オケ楽器を使いながらもリズム隊を加えたロックテイストでバトルの雰囲気を盛り上げていくパターンが考えられます。前者は映画などの劇伴、後者はアニメのサントラっぽいイメージでしょうか。

サンプル曲は、参考曲に倣って8ビートのドラム&ベースを核にした伴奏に、ストリングス&トランペットという生のサウンドを載せる方向で作成してみました。ポップスよりも少々クラシカルな雰囲気になるようなフレーズやコード進行を意識するのがポイント。短調の曲ならば、スケールにハーモニックマイナーやメロディックマイナーを使ってメロを作ったり、コード進行も厳格な印象の「V7-Im」を使ったり「V7」の代理コードとなる「♭II7」を入れると「らしさ」を演出しやすくなります。逆に、オケ楽器のパートの扱いについては、ストリングスをギター役、トランペットを歌メロというようにポップス的な感覚でアプローチするとわかりやすいと思います。

さらに尺を伸ばすならば、前半2小節と後半2小節をそれぞれ倍の長さにするところから始めてみましょう。また、参考曲のように、「敵と遭遇したっ！」という場面転換を強調するような短いイントロを加えてみるのもいいですね。

参考作品

『ファイナルファンタジーV』

(1992年、スクウェア)

世界屈指の人気を誇るRPGシリーズの第5作。スクウェア（当時）の音楽は、いずれも高い評価を得て数多くの“ゲーム音楽ファン”を生み出した。中でも看板タイトルである『FF』シリーズの多くの音楽を手がけた植松伸夫氏は、ゲーム音楽を語る上で欠かせない重要人物だ。

トラックの詳細

テンポ＝165

TRACK	PART	ABOUT
1	Melo	Effects/Orchestra Hit
2	Chord	Keyboard/Grand Piano
3	Bass	Bass/Smack Bass
4	Drums	Drum Kits/Processed Kit 2

音色は、生ドラム、エレキベースのバンド系の音に、ストリングス、トランペットのオケ楽器系の音を組み合わせています。今どきの高音質のソフト音源よりも、ちょい古い世代を使ったほうが当時のゲーム機っぽい感じが出せるでしょう。テンポは、元気のいい8ビートのポップス＆ロックに多い160前後を目安に「165」としてみました。

前半のコード進行とメロディ作りからスタート。その後、ゲーム的アレンジのドラム＆ベースを打ち込み、ギターのように刻むストリングスでオブリを作り形を整えていきます。後半は、コードの平行移動を使ったよくある定型パターンでまとめてみました。

1 メロディ（トランペット）

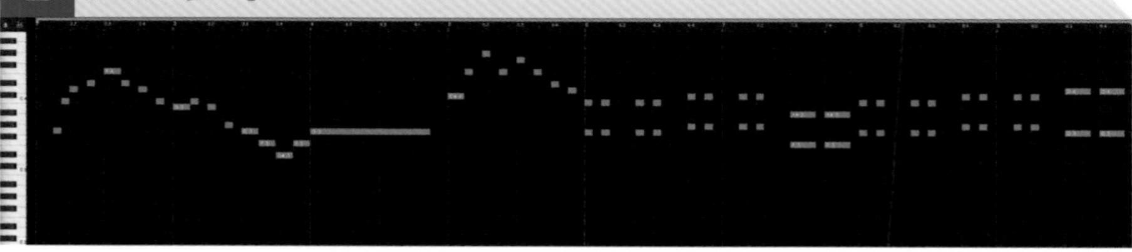

前半は、パラパッパー的な“らっぱ”をイメージしたリズムを意図的に入れてポップスのメロとは違う雰囲気を表現。後半は、リズムを刻むコードパート的な役割となる。

2 コード（ストリングス）

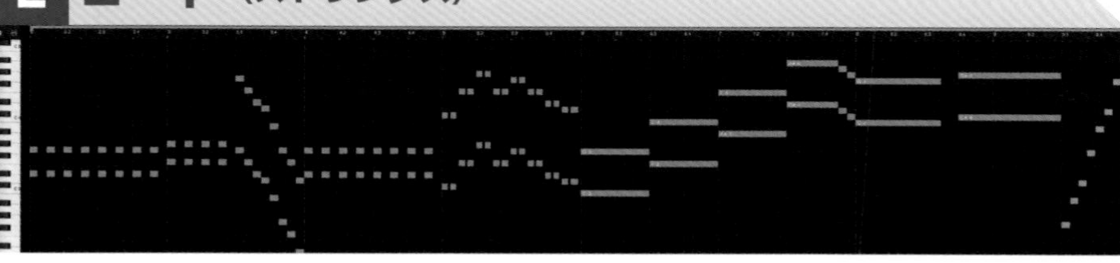

ギター的に刻むコードパートに加えて、前半のメロに合いの手を入れるオブリ、後半ではゆったりと上昇していくメロなど、1つのパートに様々な役割を割り当てている。

3 ベース（エレクトリックベース）

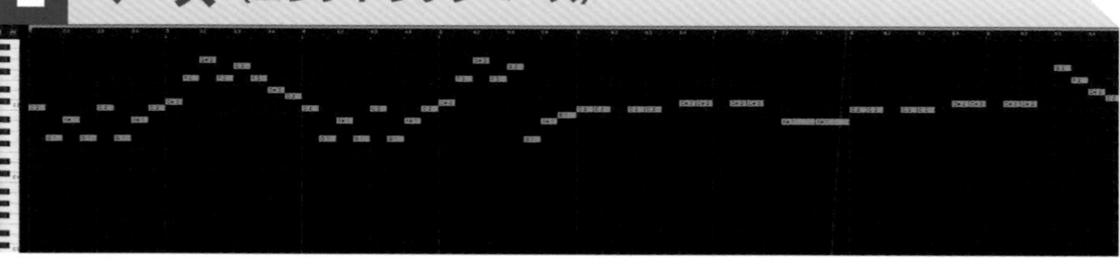

少ないパート数で密度を上げるにはベースを動かすのは有効。そこで、ルートの8分弾きではなく、5thや7thを絡めたり、スケールに沿って上昇/下降する動きを入れている。

4 ドラム（生ドラム）

当時の内蔵音源によるドラムの演奏を意識して、BD＋C.H、SD＋C.H、SDのみ、H.Hのみの波形を切り換えながら1音で演奏した雰囲気になるようパターンを作ってみた。

SOUND EFFECT MAKING　PRACTICE 08

RPGのバトルっぽいSEを加えてみよう

魔法や武器の発動と敵へのダメージ、そして、敵を倒して経験値やアイテムを獲得というような状況をイメージしたSEを作成しました。

SE01は、スイープさせたノイズを使った「シュバッ」というような剣で切りつけたイメージの音色。

SE02は、矩形波の減衰音を使ってアルペジオで素早く駆け上がる「ピロリン」系の音となっています。

SE01「攻撃音」の音作りと打ち込み

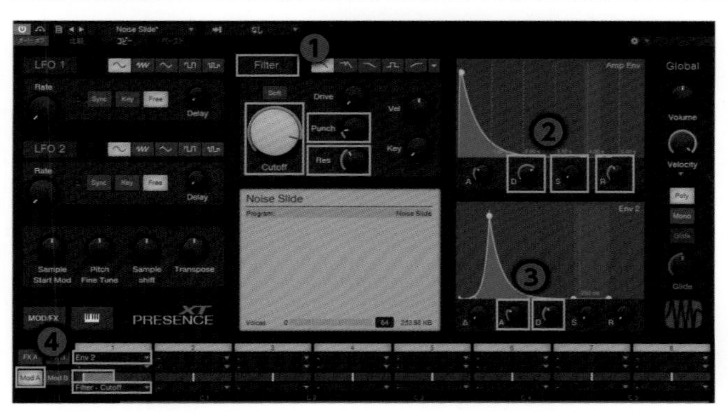

Preset: Effects/Noise Slide
❶ Filter: ON　[Cutoff: 9.35kHz　Punch: 12%　Res: 38%]
❷ Amp Env　[Decay: 3.817s　Sustain: -∞dB　Release: 283ms]
❸ Env 2　[Attack: 63.8ms　Decay: 174ms　Sustain: -∞dB　Release: 0s]
❹ Mod A　Cell-1　Main Sorce: Env 2　Amount: 55%　Target: Cutoff

ノイズを元にしたプリセット「Noise Slide」をFilterで加工することで作成した。ポイントはResでノイズの音色にクセを付けることと、Env 2でCutoffをモジュレーションすることで音色の変化を作ってるところだ。Attackの速さでCutoffを閉じる方向で「シュ」の部分を、そこからDecayの速さで開く方向で「バ」の部分を表現している。打ち込みは、「シュバッ」と歯切れよく鳴るノートの長さを見つけたら、後は、それを任意のタイミングで入力していけばいい。

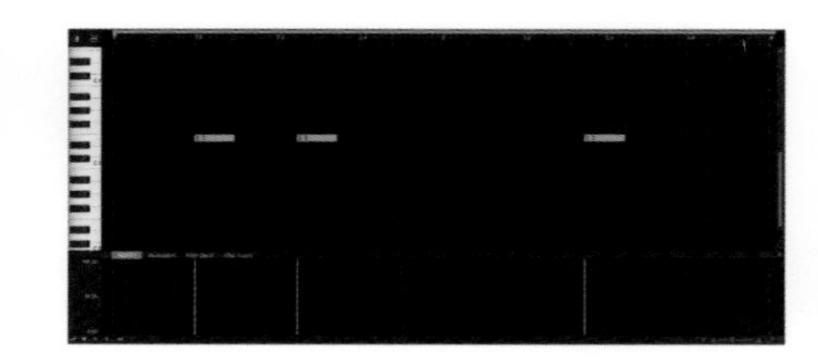

SE02「経験値獲得」の音作りと打ち込み

Preset: Synthes/Square Pad
❶ Filter: ON　[Cutoff: 12.33kHz　Punch: 15%]
❷ Amp Env　[Attack: 0s　Decay: 284ms　Sustain: -∞dB　Release: 218ms]

矩形波を元にしたプリセット「Square Pad」を選び、Amp EnvでSustainをゼロ、Decayを短くして減衰音とするのは、ここまでの同種の音色の音作りと一緒だ。ポイントは「ピロリン」を表現するアルペジオのフレーズにある。これは既存のコードではなく規則性を決めて打ち込んだもので、前半は3音分の音程を空けて、後半は2音分を空けて上昇していくことで複雑な響きを得ている。また、ベロシティを下げつつ反復させるエコー効果も加えて華やかにした。また、コピペして繰り返す際にアルペジオの音程を上げていくことで、コンボ等で経験値の獲得がアップしていく様子も表現した。

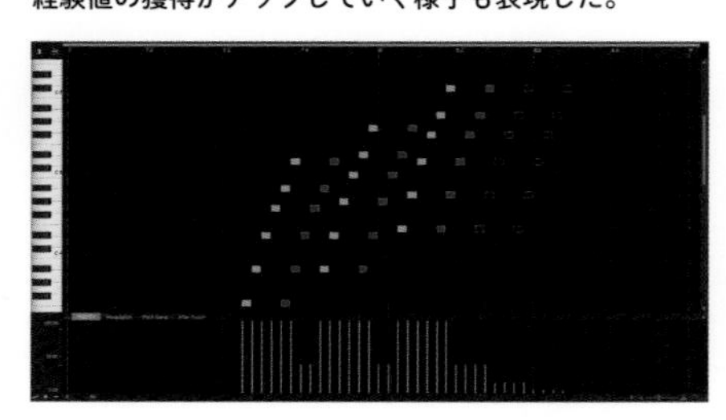

ゲームミュージック 作曲テクニック
BONUS STAGE

ページの見方

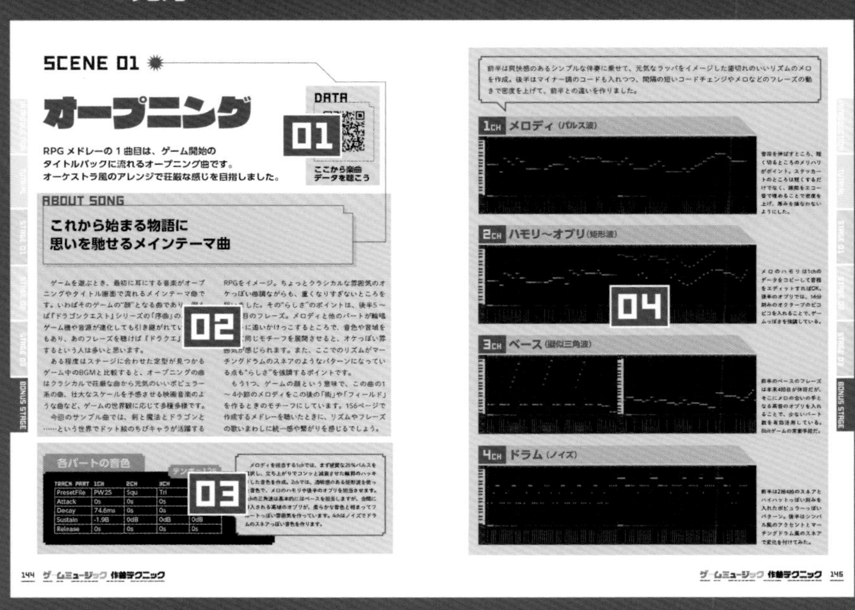

01 サンプル曲をオーディオで聴けるQRコード

02 サンプル曲の概要

03 サンプル曲の音色パラメーターと解説

04 トラックごとの打ち込みテクニック解説

※解説画面は、制作時に使用したStudio One Primeです。最新バージョンでは画面が変更される可能性があります。あらかじめご了承ください。

RPG組曲を
レトロなサウンドで
作ってみよう

ここでは、ファミコンやゲームボーイのRPG曲という想定で
ピコピコ系のサウンドを使って様々なシーンに応じた曲を作っていきます
さらに、最後は作った楽曲をつなげてメドレーにして
ゲームをプレイしているかのようなメドレー制作にも挑戦します

記事を読みながら実際にサンプル曲を打ち込んでみたり
ヒントを参考にしたりしながら自分なりのオリジナル曲作りに役立てましょう

OVERVIEW

8ビットゲーム機サウンドの作り方

レトロゲーム風のサウンドをDAWで作るにはコツが必要です。ここでは、往年のサウンドを再現するための基本的な考え方と、代表的な打ち込みテクニックを紹介します。

TECHNIC 1

往年のゲーム機の音源構成を再現する

8ビットゲーム機っぽいサウンドを作るときに押さえておきたいのが発音数とパート数です。発音数は、「3声＋ノイズ」がスタンダードな構成です。ここでいう3声とは、3和音（ポリフォニック）ではなく、単音（モノフォニック）×3パート分となります。打ち込む場合もトラックを3つ用意して各パートごとに単音で入力するスタイルとなります。

8ビットゲーム機の音源チップが各パートで演奏できる音色（波形）の選択肢は多くありません。1ch（1パート目）と2ch（2パート目）は波形として「矩形波」か「パルス波」を、3ch（3パート目）では「三角波」を選ぶことができ、音色パラメーターは音量の時間的変化を作るエンベロープ・ジェネレーター（ENV）とピッチを揺らすビブラート（LFO）の設定が可能です。4chはノイズ専用で、エンベロープ・ジェネレーターのみ調整できます。

Studio Oneでこの構成を再現するならば、トラックを4つ用意して、「PresenceXT」に矩形波やパルス波、三角波、ノイズを読み込んだものを用意します。しかし、PresenceXT付属の音色プリセットにはそれらの波形がないので、チップチューン音色の簡易プリセット・ファイルを用意しました。

ソフト音源PresenceXTを用意し、プリセット・ファイルを読み込む

右側のブラウザからPresenceXTをドラッグ＆ドロップして演奏用トラックが作成されると、音色データを読み込んでいないPresenceXTの画面が開く。

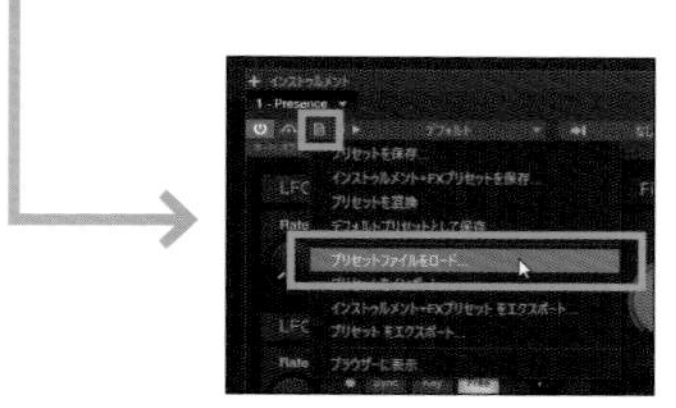

PresenceXTの左上のアイコンからメニューを開いて、「プリセットファイルをロード」をクリックする。

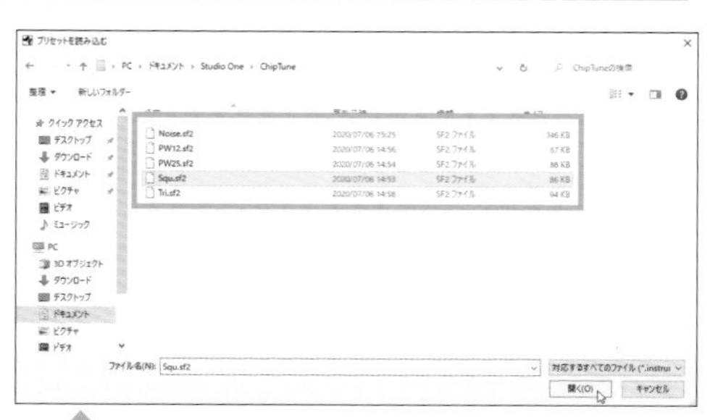

開いた画面でプリセット・ファイルを保存してある場所とファイルを選択して「開く」ボタンを押すとPresenceXTに読み込まれる。

チップチューン音色のプリセット・ファイル一覧

NAME	ABOUT
Noise.sf2	ゲーム機特有の荒れた「ノイズ」の音色
PW12.sf2	PW25よりも硬質な「パルス波（12.5％）」の音色
PW25.sf2	矩形波よりも少し硬質な「パルス波（25％）」の音色
Squ.sf2	8ビットゲーム機の標準的な波形「矩形波」の音色
Tri.sf2	矩形波よりも柔らかな「三角波」の音色

TECHNIC 2

波形の選択とエンベロープの調整で音色を変化

8ビットゲーム機のサウンドはチープな電子音ですが、ポーッとした矩形波、ザラついたパルス波、柔らかな三角波とキャラクターが異なるので、それらを使い分けるとパート毎の音色に変化が付けられます。例えば、フレーズを反復したり違うパートに相当するフレーズを演奏する場面や、ハモリやエコー効果を演奏するパートで違うメインのパートとは異なる波形を選んでみたり、主にベースで使う三角波を他のパートの演奏に使い、矩形波かパルス波で鋭いベースを演奏させると他の曲との違いも表現できます。

また、この後に紹介するサンプル曲の解説ページでは、読み込むプリセット・ファイルに加えて読み込んだ後にエディットするPresenceXTのパラメーターも掲載。エンベロープ・ジェネレーター（Amp ENV）のパラメーターをエディットして各パートの演奏にマッチした音色を作っています。ここでは画面上で操作するパラメーター（ツマミ）を確認しておきましょう。

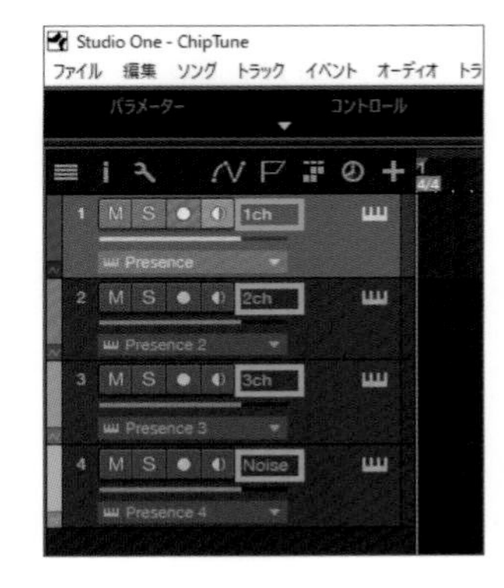

作成した4つのトラックは、上から順に「1ch」、「2ch」、「3ch」、「Noise」の名前を付けた。このあとから紹介するサンプル曲では、1chと2chのトラックで演奏するPresenceXTには矩形波（Squ.sf2）かパルス波（PW25.sf2、PW12.sf2）どちらかの音色プリセットを読み込み、3chには三角波（Tri.sf2）、Noiseにはノイズ(Noise.sf2)の音色プリセットを読み込んでいる。

Attack、Decay、Sustain、Releaseそれぞれの項目は、PresenceXTの画面右上にある「Amp ENV」に並んでいる「A」「D」「S」「R」の各ツマミで設定する。

TECHNIC 3

1声のノイズでドラムを表現するには？

8ビットゲーム機のノイズは、一般的なシンセのノイズとは異なり、音程を変えることでノイズの質感が変化します。音程が高いと「サー」という高域成分を多く含む一般的なノイズに近い音ですが、低くなるほどに高域成分が減って低域が強調され、更にはガビガビした荒っぽいノイズへと変化します。

これを利用して低音域をキック相当、中音域をスネアやタム相当、高音域をハイハットやシンバル相当として、ノートの長さも調整しながらリズムパターンを組んでいきます。この独特なドラム音色も往年のゲーム曲には欠かせない要素の1つです。

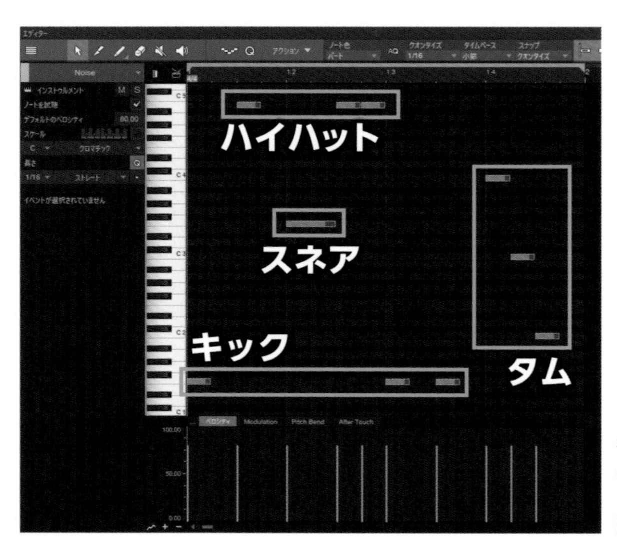

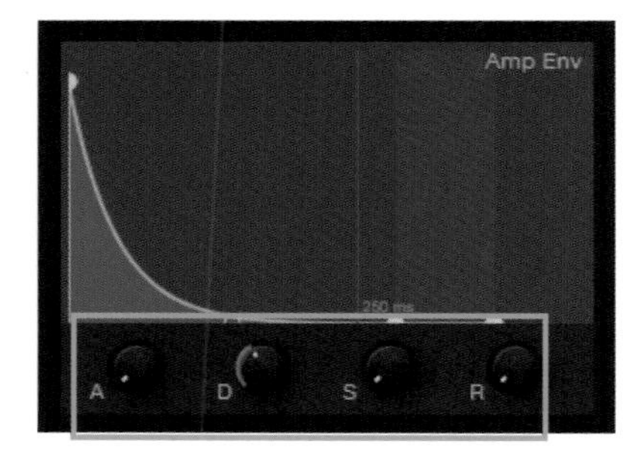

キックは低音域、ハイハットは高音域でスタッカートで、スネアやシンバルは高めの音域で長めに打ち込む。ノイズのエンベロープは減衰音に設定しておくといい。

TECHNIC 5

ベースを1オクターブ上げると往年のサウンドに？

8ビットゲーム機の音源では、主に3chの三角波をベース・パートに使っていました。純粋な三角波よりもノイジーなので音は目立つのですが、音程が低いベースの音域で鳴らすと低音の出ないテレビやゲーム機のスピーカーでは聴こえにくいことも。

そこで、ベースを1オクターブ上に打ち込んで目立せるようなアレンジを試してみましょう。音域が上がることで演奏が“軽く”感じられますが、これも往年のゲーム曲っぽさを表現する手段の１つとして活用できます。

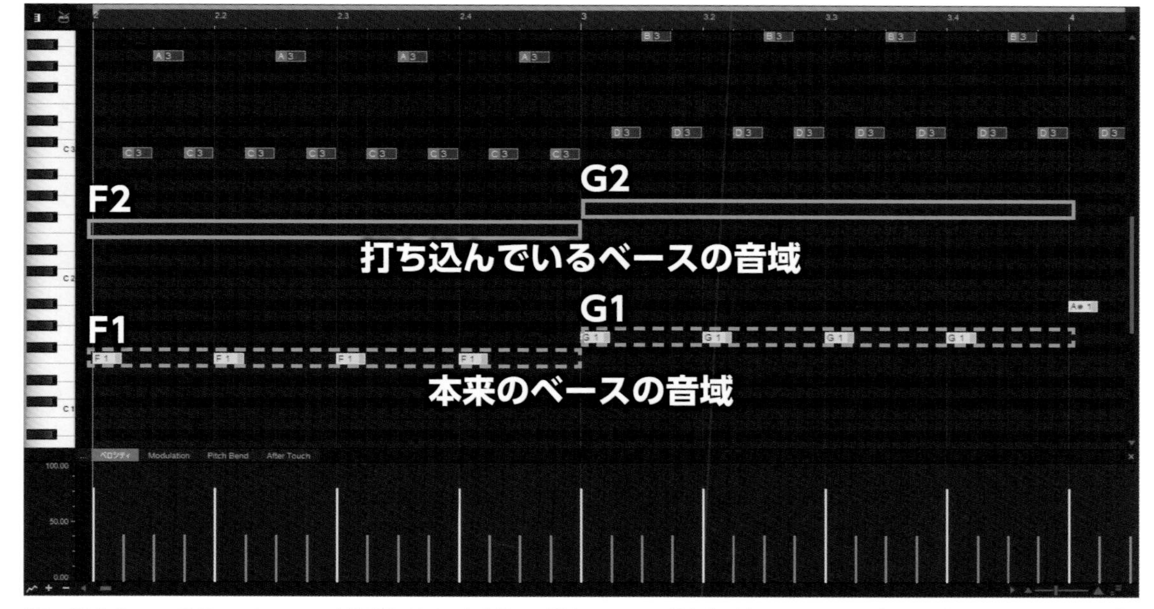

サンプル曲「フィールド」のベース＋αを演奏する3chの打ち込みの場合、ベースに相当する拍の頭のノートの音程は画像のように1オクターブ下が正解。でも、1オクターブ上にした方が聴き取りやすく往年のゲーム曲っぽい雰囲気になる。

TECHNIC 5

少ないパート（発音数）を有効活用する

8ビットゲーム機的な打ち込みでは、少ないボイスを有効活用することが重要です。例えば、フレーズに休符があるときは疑似ディレイを加えたり、別のフレーズを挟み込んで「音が鳴っていない」という状態をできるだけ避けるよう意識しましょう。また、通常のフレーズでもあえてノートを分割して疑似ディレイを打ち込んでいくと、サウンドが豊かになりそれっぽい雰囲気も強調されます。

なお、ここでいう疑似ディレイとは、発音させたノートの直後に同じ音程で音量を下げたノートを鳴らすことで、エコーがかかったような響きを加えるテクニックのことです。

下の画面のように、各ノートの終端を8分や16分の長さだけ短くし、できた隙間に同じ音程のノートを追加してベロシティやボリュームを使って音量を半分くらいに下げてみましょう。更にノートを分割／追加しながら段々と音量を下げていけば、ディレイのフィードバックを効かせたような効果と自然な減衰感が得られます。

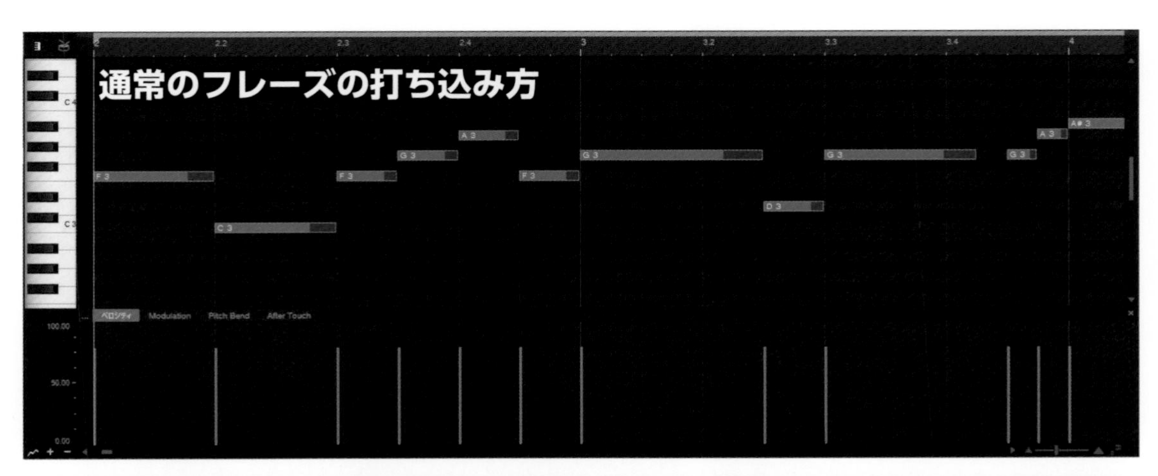

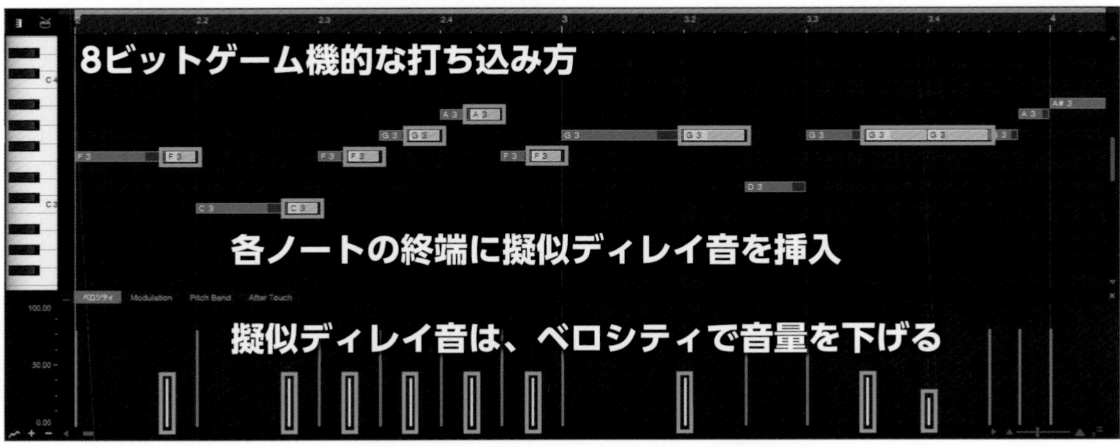

いわゆる「楽譜通り」のフレーズの打ち込みでは上画面のようになるが、チップチューン的な打ち込みでは下画面のようにノートの長さをエディットして疑似ディレイを入れていくと雰囲気が出せる

TECHNIC 6

パンポットを設定して広がりやステレオ感を得る

ミキサー画面のパンポットを操作すると、各パートの音を左右のスピーカーの間に自由に配置してステレオ感を表現することができます。しかし、8bitゲーム機のパンポットは、中央、右、左の3択なので、基本は中央に設定して、パートやフレーズに応じて左右いずれかに振り切るように設定するのがコツとなります。

例えば、メインのフレーズを演奏しているときは中央定位で、そのフレーズの合間を縫って挿入される別パート相当のフレーズを演奏しているときだけパンで振ると1つのチャンネルでも異なるパートが演奏されている感じが表現できます。また、ピコピコ系のシーケンスを1音ずつ左右に飛ばしたり、先ほどの疑似ディレイを含むフレーズのディレイ音のノートだけ左右へと振り分ければ独特のステレオ感が得られます。

なお、実機では1つのチャンネルの中でパン情報を入力することで定位を切り替えていますが、スペックに余裕があるStudio Oneで再現するならば、パン情報による定位の切り替えだけでなく、同じチャンネルとして扱う中央定位、右定位、左定位の3つのトラックと音源を用意してフレーズを入力するトラックで定位を選択することも可能です。

パートの定位を固定する場合はミキサー画面のパンポットの設定でOKだが、演奏中に変更する場合はオートメーショントラックを利用する。トラック上に表示される水色のラインをマウスでエディットすることで、任意の方向に定位させることが可能だ。

1つのトラックに打ち込んでパンのオートメーションで定位を振り分けるよりも、あらかじめ定位が異なるトラックを用意してノートを打ち込むトラックで定位を振り分けた方が簡単だ。

TECHNIC 7

デチューンやエコーで厚みを出す

2つのパートで同じフレーズを演奏し、一方をビブラートやピッチベンドを使ってデチューンする（ピッチを少しズラす）と､厚みや艶のある音が得られます。更に、デチューンのパート遅らせてディレイ効果を加えたり、メインとデチューンのパートを左右に振り分けるのも効果です。

いずれも、シンプルなアレンジの曲でパートに余裕があるときや、実機の発音数に関係なくチップチューン的なサウンドやアレンジを楽曲に取り入れたいときに試すといいでしょう。

例えば、サンプル曲「街」（146ページ）はメロディ・パートを1chで演奏しているが、同時に2chでも8分音符分だけ遅れて同じフレーズを演奏してエコーを表現しつつ、更に音色側でピッチを揺らしてデチューン効果も加えてメロディを豊かにしている。

TECHNIC 8

単音でハーモニーを感じさせる打ち込み術

発音数が3声と少ないため、メロとベースで2声を使えば1声しか残りません。その1声で和音っぽい響きを得る方法が2音の高速連打。32分音符やそれ以下の長さで3度や4度のインターバルの音程を交互に演奏します。8ビットゲーム機っぽさを強調する要素にもなるので、和音パートの疑似表現だけなく、メロディやオブリ相当のフレーズで長く伸ばすところにもこの技を応用してみましょう。

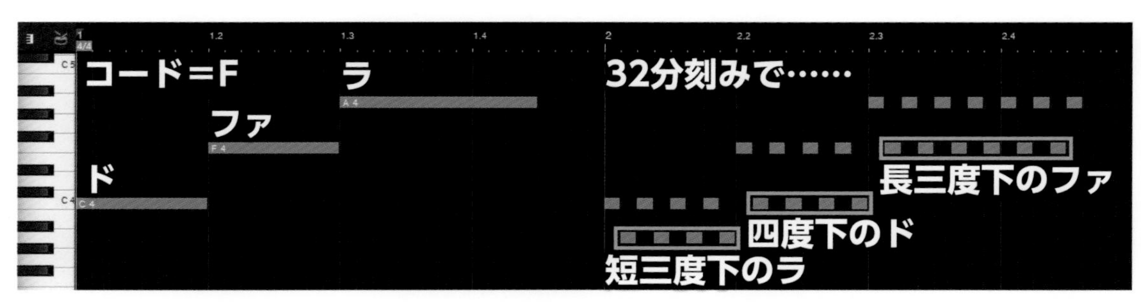

コードの構成音から選んだ2音やメロディのハモリ等の音を、短いタイミングで交互に演奏されるように打ち込む。

次ページからは楽曲制作にチャレンジ

SCENE 01

オープニング

DATA

ここから楽曲
データを聴こう

RPG メドレーの 1 曲目は、ゲーム開始の
タイトルバックに流れるオープニング曲です。
オーケストラ風のアレンジで荘厳な感じを目指しました。

ABOUT SONG

これから始まる物語に
思いを馳せるメインテーマ曲

ゲームを遊ぶとき、最初に耳にする音楽がオープニングやタイトル画面で流れるメインテーマ曲です。いわばそのゲームの“顔”となる曲であり、例えば『ドラゴンクエスト』シリーズの「序曲」のように、ゲーム機や音源が進化しても引き継がれているものもあり、あのフレーズを聴けば『ドラクエ』を連想するという人は多いと思います。

ある程度はステージに合わせた定型が見つかるゲーム中のBGMと比較すると、オープニングの曲はクラシカルで荘厳な曲から元気のいいポピュラー系の曲、壮大なスケールを予感させる映画音楽のような曲など、ゲームの世界観に応じて多種多様です。

今回のサンプル曲では、剣と魔法とドラゴンと……という世界でドット絵のちびキャラが活躍するRPGをイメージ。ちょっとクラシカルな雰囲気のオケっぽい曲調ながらも、重くなりすぎないところを狙いました。その“らしさ”のポイントは、後半5～6小節目のフレーズ。メロディと他のパートが輪唱のように追いかけっこするところで、音色や音域を変えて同じモチーフを展開させると、オケっぽい雰囲気が感じられます。また、ここでのリズムがマーチングドラムのスネアのようなパターンになっている点も“らしさ”を強調するポイントです。

もう1つ、ゲームの顔という意味で、この曲の1～4小節のメロディをこの後の「街」や「フィールド」を作るときのモチーフにしています。156ページで作成するメドレーを聴いたときに、リズムやフレーズの歌いまわしに統一感や繋がりを感じるでしょう。

各パートの音色

テンポ＝125

TRACK PART	1CH	2CH	3CH	NOISE
PresetFile	PW25	Squ	Tri	Noise
Attack	0s	0s	0s	0s
Decay	74.6ms	0s	0s	960ms
Sustain	-1.9B	0dB	0dB	0dB
Release	0s	0s	0s	0s

メロディを担当する1chでは、まず硬質な25%パルスを選択し、立ち上がりでコンッと減衰させた輪郭のハッキリした音色を作成。2chでは、透明感のある矩形波を使った音色で、メロのハモリや後半のオブリを担当させます。3chの三角波は基本的にはベースを担当しますが、合間に挿入される高域のオブリが、柔らかな音色と相まってフルートっぽい雰囲気を作っています。4chはノイズでドラムのスネアっぽい音色を作ります。

前半は爽快感のあるシンプルな伴奏に乗せて、元気なラッパをイメージした歯切れのいいリズムのメロを作成。後半はマイナー調のコードも入れつつ、間隔の短いコードチェンジやメロなどのフレーズの動きで密度を上げて、前半との違いを作りました。

1CH メロディ（パルス波）

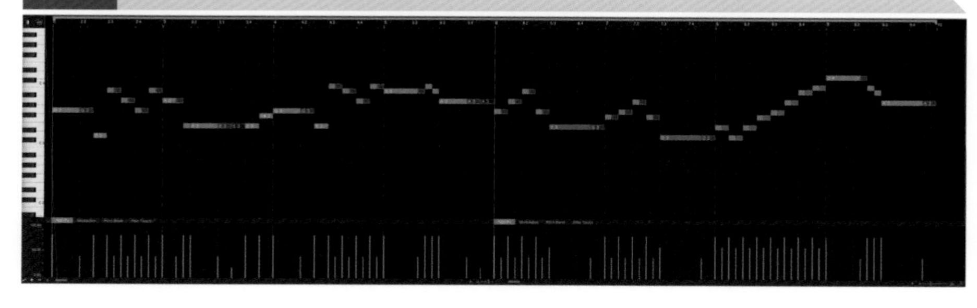

音符を伸ばすところ、短く切るところのメリハリがポイント。スタッカートのところは短くするだけでなく、隙間をエコー音で埋めることで密度を上げ、厚みを損なわないようにした。

2CH ハモリ〜オブリ（矩形波）

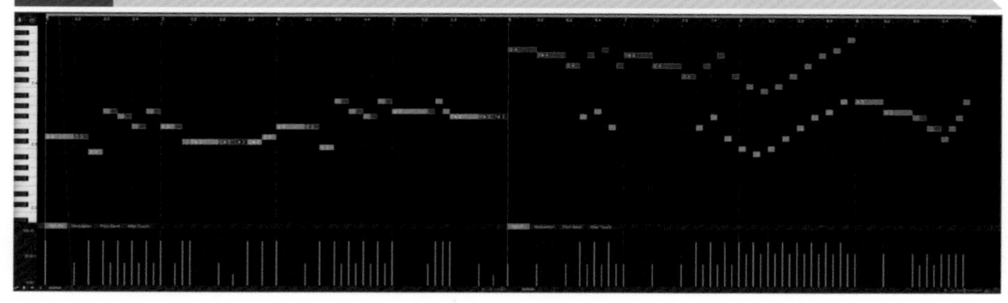

メロのハモリは1chのデータをコピーして音程をエディットすればOK。後半のオブリでは、16分刻みのオクターブのピコピコを入れることで、ゲームっぽさを強調している。

3CH ベース（擬似三角波）

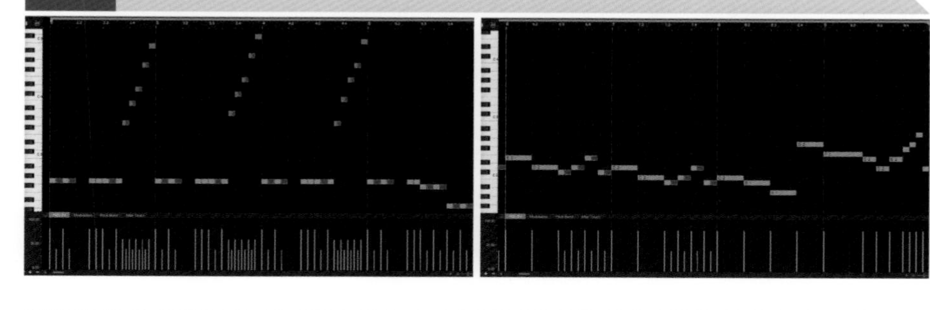

前半のベースのフレーズは本来4拍目が休符だが、そこにメロの合いの手となる高音のオブリを入れることで、少ないパート数を有効活用している。8bitゲームの常套手段だ。

4CH ドラム（ノイズ）

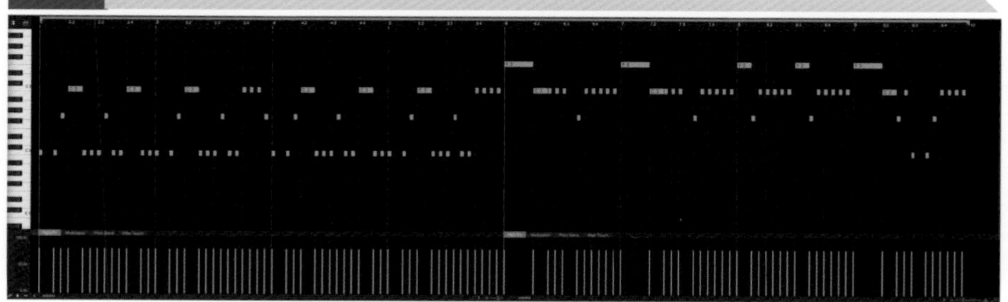

前半は2拍4拍のスネアとハイハットっぽい刻みを入れたポピュラーっぽいパターン。後半はシンバル風のアクセントとマーチングドラム風のスネアで変化を付けてみた。

SCENE 02

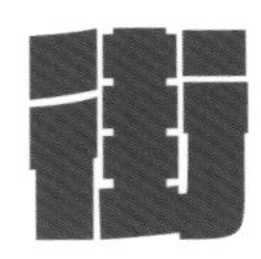

街

DATA

ここから楽曲
データを聴こう

RPG メドレーの 2 曲目は、ゆったりとしたテンポと
シンプルなアレンジでまとめた街の BGM です。
ゲーム序盤のリラックスした雰囲気を感じさせる曲調です。

ABOUT SONG

冒険の準備やバトルの疲れを癒す 街の落ち着いたBGM

ゲーム序盤では冒険に向かう前の情報収集や装備を入手するための場所、中盤では冒険やバトルの疲れを癒すオアシス的な場所となるのが「街」です。そのBGMは、リラックスできる曲や楽しげな曲を中心に、民族音楽のような国や文化をイメージさせる個性的な曲も用いられます。

例えば、RPG的な中世ヨーロッパ風の舞台から東へと冒険のコマを進めるなら、北欧系、中東系、中華系、和風をモチーフにしたBGMを作ると、各街の文化圏の違いが表現できますね。

なお、サンプル曲は序盤の街をイメージしているので民族色のない曲調とし、リズム楽器（ノイズのドラム）は使わずに、テンポもゆっくりめに設定。メロと伴奏のアルペジオのみのシンプルなアレンジで、癒し系の曲としてまとめてみました。

各パートの音色

テンポ=75

TRACK PART	1CH	2CH	3CH	NOISE
PresetFile	PW25	Squ	Tri	---
Attack	63.8ms	4.03ms	0s	---
Decay	600ms	490ms	2.904s	---
Sustain	-2.3dB	-1.3dB	-12.8dB	---
Release	31.9ms	0s	60.3ms	---

メロ＋αを担当する1ch＆2chの音色は、一方を硬質な25%パルス波を使ったハーモニカっぽい質感、もう一方を矩形波を使った笛っぽい質感にしてメリハリを作り、シンプルな編成でも変化が感じられるようにしました。一方、伴奏のアルペジオを演奏する3chは、柔らかな三角波の質感が、自然とハープっぽい雰囲気を醸し出してくれます。

ハープのアルペジオを意識したシンプルな伴奏をバックに、先のオープニングの雰囲気を引き継ぎつつ曲想に合わせて展開させたメロディを乗せていきます。

1CH メロディ／メロのハモリ（パルス波）

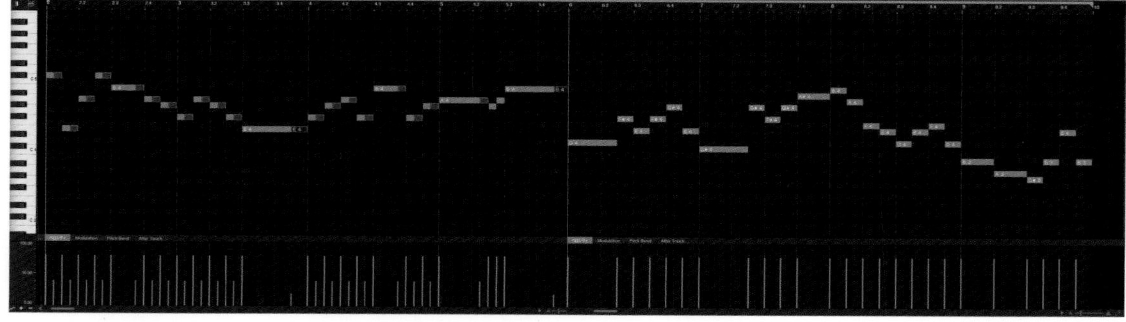

主メロを担当する前半はエコーありに、2chのメロの3度下ハモリになる後半はエコーなしにして、同じ音色のまま質感を変えている点に注意して聴いてみよう。

2CH エコーパート／メロディ（矩形波）

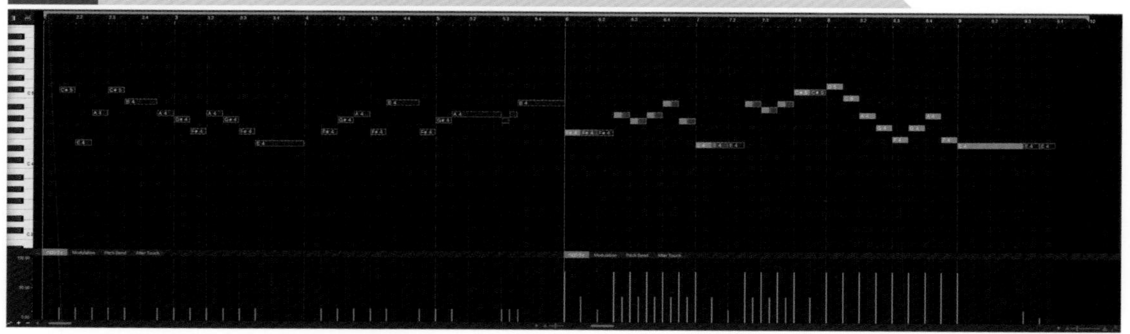

前半は音量を下げて主メロの8分遅れのディレイ音を担当。
後半から主メロを演奏するが、音色的な違いだけでなく、エコーの付け方でも持続系の1chの音色と差別化した。

3CH ベース＋アルペジオ（擬似三角波）

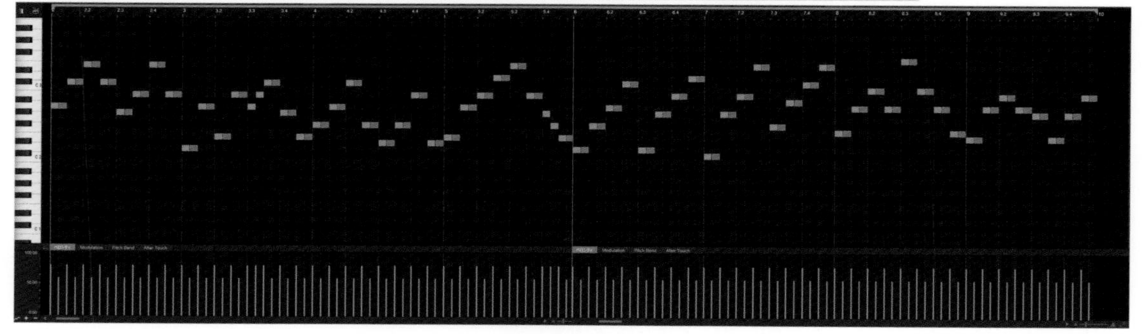

奇数拍の1音目をコードのルートとし、そこから淡々としたアルペジオで演奏させた。
ところどころにオブリ的な動きを入れて、伴奏にメリハリを付けている。

SCENE 03

フィールド

DATA

ここから楽曲
データを聴こう

RPG メドレーの 3 曲目は、冒険の序盤を彩る
軽快なリズムに乗せた爽やかなフィールド風 BGM です。
敵を倒しながら進むアクション RPG をイメージしています。

ABOUT SONG

ここちよい高揚感と
冒険への期待が高まる序盤のBGM

街で情報収集や装備調達が終わり、冒険へと旅立つ最初のステージが序盤のフィールドです。RPGでのフィールドの位置づけは、次のステージへの移動が中心です。その道中でイベントとしてバトルが発生するタイプと、フィールド内に敵モンスターがいて、戦いながら次のステージへと進んでいくタイプがあります。

前者の場合は淡々と歩きながら次のステージを探すことになるので、BGMはゆったりとしたテンポで落ち着いた曲調がよいでしょう。一方、後者の場合は、次々と敵と戦うことになるので、気持ちが高揚するような元気な曲調がいいですね。

今回のサンプルでは、後者のアクションRPG的なフィールドをイメージして、軽快なリズムに乗せて「さあ、いくぞ！」というような高揚感と、雑魚キャラをなぎ倒しながら快進撃していく爽快感みたいなところを狙って作っています。

その辺の雰囲気を演出するには、音域を上げていく方向のメロディラインやコード進行がポイントです。前半4小節は全体的に上昇、後半はメロは高域をキープしつつ盛り上げながらも、コードはゆるやかに下がって落ち着かせることで、先頭へとループしやすくしています。

なお、メロディはオープニングや街のフレーズをモチーフに展開しているので、同じ世界観やストーリーの流れが感じられると思います。

各パートの音色

テンポ=145

TRACK PART	1CH	2CH	3CH	NOISE
PresetFile	PW12	Squ	Tri	Noise
Attack	0s	0s	0s	0s
Decay	356ms	11.4ms	0s	800ms
Sustain	-1.2dB	-1.8dB	0dB	-∞dB
Release	0s	0s	0s	0s

メロディを担当する1chは、歯切れのいいサウンドとするために12.5%パルス波を選択。そして、ブラス的なアタック感と減衰が得られるようエンベロープを調整しています。ハモリとオブリを担当する2chも方向性は一緒ですが、主メロの1chとの違いが感じられるよう波形を矩形波を選んでいるのがポイントです。

最初に「タッタカタッタカ…」と刻むリズムをノイズで作り、それに合わせて管楽器をイメージした歯切れのいいメロを作りました。そして、ベースと伴奏を兼ねたアルペジオを打ち込んだのち、残りのパートでメロのハモリを足して仕上げています。

1CH メロディ（パルス波）

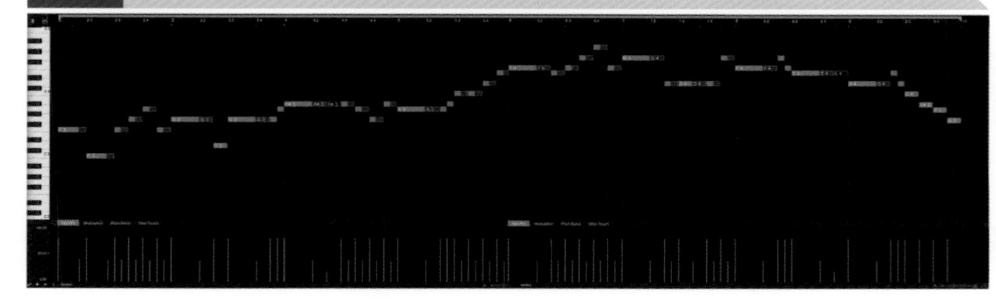

まずオープニングのメロをモチーフに作ったフレーズで1～4小節目までを作り、そこから音域を高めつつ、リズムを反復させながら、5～8小節目の展開を作っていった。

2CH ハモリ～オブリ（矩形波）

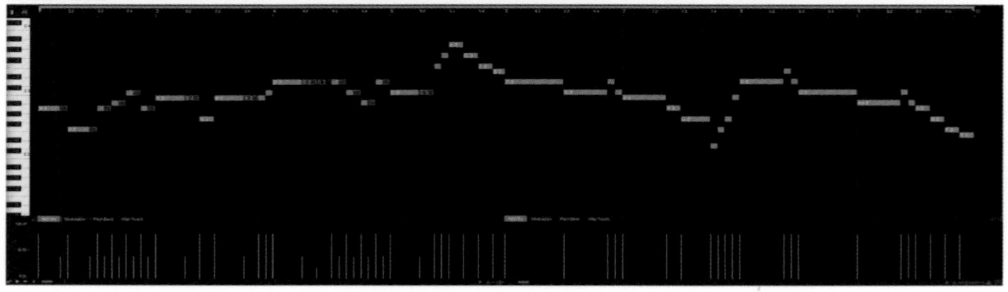

1～4小節目は1chのメロディの3度下ハモリとし、5～6小節目は音域が上がったメロを支えるようなオブリで変化を付けつつ、最後は再びハモリに戻って終息させている。

3CH ベース+アルペジオ（擬似三角波）

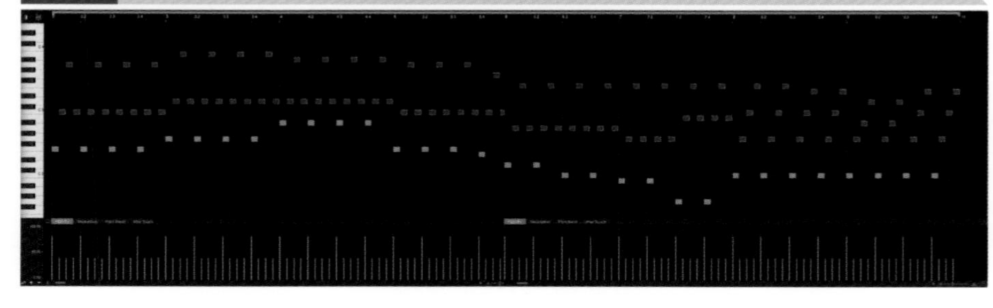

往年のゲーム曲では定番のアルペジオで伴奏パートを作成。凝ったリズムやパターンにはせず、単純な1拍単位のドソミソ系を反復して勢いを出している。

4CH ドラム（ノイズ）

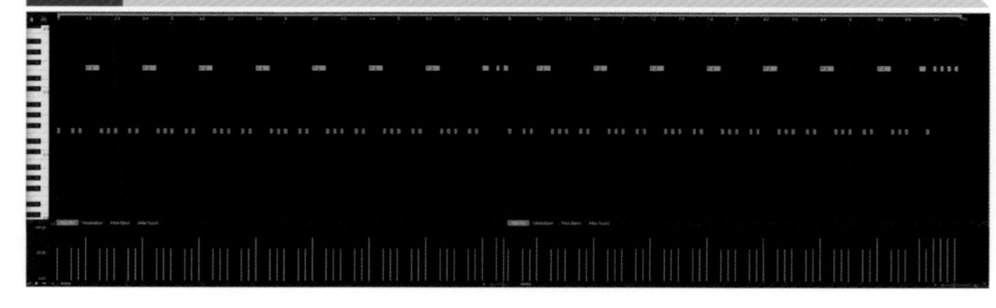

高めの音域の明るめのノイズで2拍4拍のスネアを打ち込み、スタッカートで打ち込んだ低域のザクザクしたノイズでキック～ハイハット的なビートを刻んでいる。

SCENE 04

森林～迷宮

RPGメドレーの4曲目は、淡々としたリズムに乗せて怪しげな旋律を奏でるダンジョン系のBGMです。シリアスになりすぎない、少々コミカルな路線を狙いました。

DATA

ここから楽曲データを聴こう

ABOUT SONG

緊張感と不安をあおる怪しさを感じさせる中盤のBGM

冒険も中盤に差し掛かると、快進撃を続けたフィールド系とは違う緊張感のあるステージへと舞台が変化していきます。例えば、移動の道中が開けた草原から薄暗い森林になったり、強敵やボスキャラが待ち受けていそうな地下のダンジョンへ侵入といった流れですね。

こういったステージの演出には、適度な緊張感と怪しさが感じられる曲調がふさわしいでしょう。テンポ的にはミディアムからスローで、シンプルなリズムやパターンを淡々と反復させると雰囲気が出てきます。また、ストレートなフレーズやコード進行よりも、平行移動的な動きや不協和音などを取り入れていくと怪しくなっていきますね。

サンプル曲では、4つ打ちで淡々と刻むリズムに乗せて、マイナー系の暗いコードの平行移動を中心に構成しました。メロディのフレーズも大きく動かずに低めの音域をフラフラして緊張感を煽ります。その後は、怪しい系の定番パターンであるdimコードの平行移動や全音階を使ったフレーズのセクションへと続きます。このようにdimコードやaugコード、全音階スケールを使えば、お手軽に怪しさが表現できるので、実際に打ち込んで覚えておきましょう。

なお、右ページのピアノロールではAメロが4小節＋Bメロが4小節で8小節となってますが、少々場面展開が速く感じられるので、Aメロを繰り返して8小節に伸ばした方が「索敵しながらジリジリ進んでいく雰囲気」が表現できます。

各パートの音色

テンポ＝145

TRACK PART	1CH	2CH	3CH	NOISE
PresetFile	PW25	Squ	Tri	Noise
Attack	0s	0s	58ms	35.1ms
Decay	0s	728ms	0s	198ms
Sustain	0dB	-∞dB	0dB	-∞dB
Release	0s	0s	0s	0s

主にベースを担当する1chは硬めの25％パルス波、それと絡むシーケンスを奏でる2chでは矩形波を選択。2声ながらも、ベースの合間を縫って入るパターンが異なる音色で交互に鳴るため、伴奏が豊かに聴こえます。また、必然的にメロディが3chとなり、口笛のような柔らかな三角波で演奏することで、怪しさが倍増しています。

最初に作ったのは、4つ打ちの淡々としたベースライン。その隙間を埋めるように上の音域でピコピコ成分を足し、さらに音色違いのフレーズを絡めて伴奏を完成。そこに怪しげなメロを加え、最後にノイズのパーカッションを足して仕上げています。

1CH ベース+オブリ（パルス波）

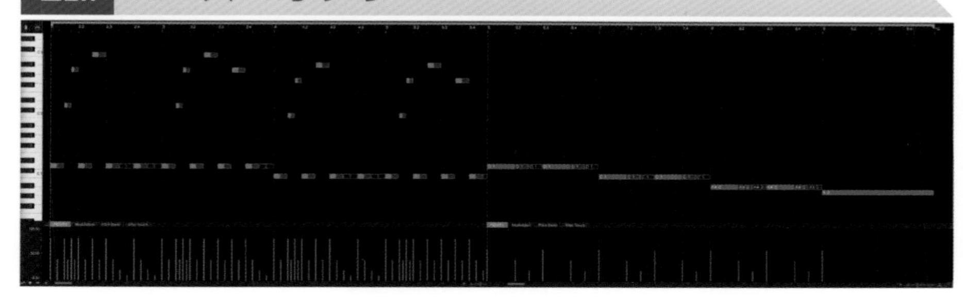

前半は4分刻みのベースだけではもったいないので、8分の裏拍で上の音域を使ってオブリ的なフレーズを加えたのがポイント。後半は、白玉で動きを止めて変化を付けている。

2CH シーケンス&アルペジオ（矩形波）

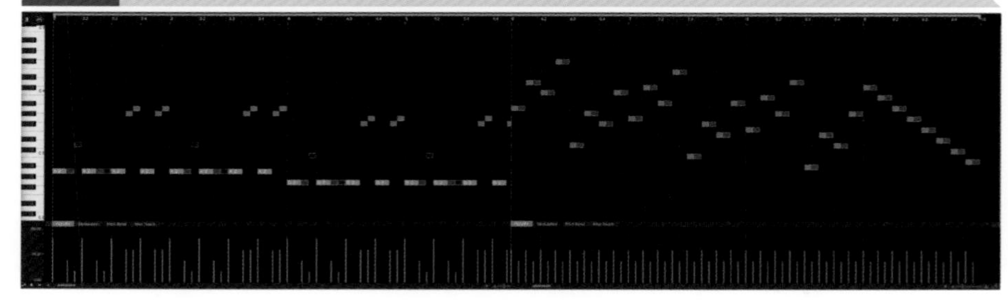

ベースの5度上を鳴らしてコード感を強調しつつ、1chの動きを受け継ぐ形で8分裏で上の音域にピコピコを入れている。後半はメロとハモるアルペジオ。

3CH メロディ（擬似三角波）

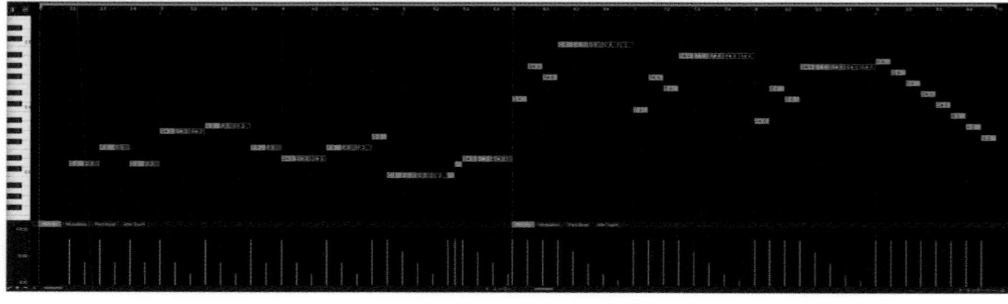

PSG音源の3chはエンベロープの調整ができなかったような……。なので、ここでは分割したノートの音量をベロシティで下げることでデータ側で減衰させる方法を試してみた。

4CH パーカッション（ノイズ）

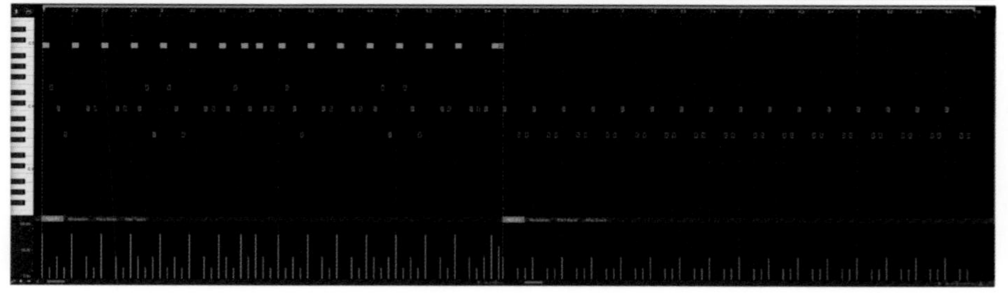

ノイズを利用して、シェイカーやカバサのようなパーカッション風のリズムを刻んでみた。音程差によるノイズの明暗でリズムにメリハリを付けている。

SCENE 05

バトル

DATA

ここから楽曲データを聴こう

RPG メドレーの 5 曲目は、ダンジョンで出会った強敵とのバトルを盛り上げるアップテンポな戦闘曲です。これまでの曲よりも少々ロック色を強めてみました。

ABOUT SONG

激しいリズムで敵キャラとのバトルを盛り上げるBGM

RPGの醍醐味と言えば、敵キャラとのバトルシーンでしょう。ターン制で攻撃や防御のコマンドを選択しつつ敵キャラのHPを削っていくタイプや、リアルタイムで直接的に敵キャラを攻撃して倒すタイプがありますが、いずれも緊張感が高まる曲やアップテンポな曲が定番と言えますね。荘厳で重厚なオーケストラ風アレンジの曲もいいのですが、チープな音源で戦うなら、リズム主体のハデなロック系の曲のほうがノリが良くて気分が盛り上がると思います。

サンプル曲では、これまでの曲との違いをハッキリさせる意味で、8ビートではなく3連のリズムを選んでみました。3連主体だと、1拍で刻む数が多いので、さほどテンポを上げなくても勢いと密度を感じる曲が作りやすいのもポイントです。

前半は、動きを控えめにしたマイナー系のコード進行を使い、歪んだギターでザクザク刻むイメージのリフやアルペジオ的なメロで緊張感を演出。後半では、メロディアスなフレーズとメジャー系のコードで解放感を演出しつつも、再び前半の派生パターンで引き締めて緩急を付け、短い中でもドラマチックな展開が感じられる曲を目指しました。

なお、右のピアノロールでは4小節パターン×2の8小節ですが、メドレー化した試聴音源では、前半／後半のパターンをそれぞれ反復して、８小節パターン×２の16小節バージョンに拡張しています。やはり、アップテンポな曲では、これくらいの尺があったほうが安定しますね。

各パートの音色

テンポ＝150

TRACK PART	1CH	2CH	3CH	NOISE
PresetFile	Squ	PW25	Tri	Noise
Attack	0s	0s	0s	0s
Decay	0s	0s	186ms	1.003s
Sustain	0dB	0dB	-1.7dB	0s
Release	0s	0s	0s	0s

ベースを硬質な25%パルス波で演奏することで、低域を目立たせつつギターでザクザク刻むような感じを狙ってみました。一方でメロディには、ハデな伴奏に負けないようヌケのいい矩形波を使い、残る三角波でハモリやオブリを足しています。いずれも、ガンガン鳴らしていく方向で、エンベロープによる音量変化のない音色としました。

「Fm」のワンコードというストイックなコード進行に、2小節目のキメ的な「F＃」や5～6小節目のメジャーコードでアクセントを付けています。そこに、ロックオルガンの速弾き的なフレーズ（1～2小節目や7～8小節目）を入れ、後半5～6小節目にファンファーレを入れて緊張感と高揚感を表現してみました。

1CH メロディ（矩形波）

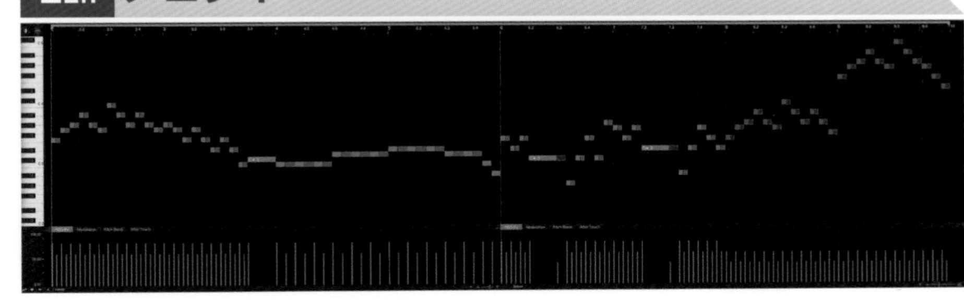

ロック系では定番の1～2小節目のフレーズがこの曲のモチーフだ。微妙に形を変えながら、後半7～8小節目や、3chの3～4小節目にオブリとしても登場している。

2CH ベース＋オブリ（パルス波）

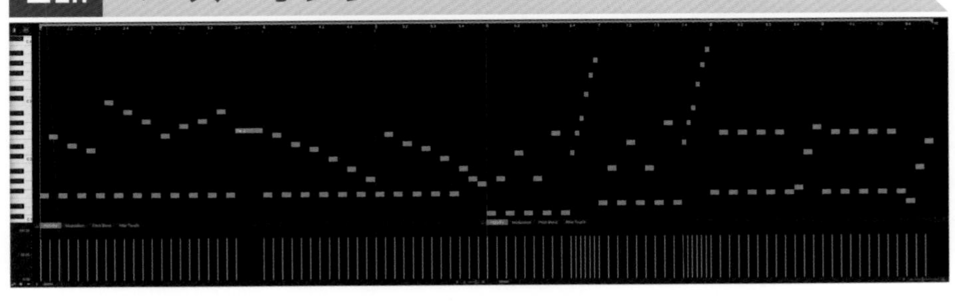

2拍3連のリズムを刻むベース相当の低音の合間に、上の音域でスケールを上下する音を入れてギターのリフ的な動きを作ってみた。1chのメロの3連のリズムとの絡みもポイント。

3CH ハモリ＋オブリ（擬似三角波）

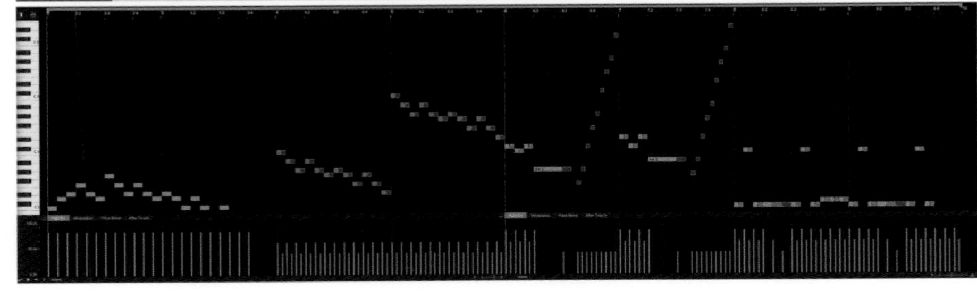

メロの4度下ハモリを基本に、合いの手的なオブリを受け持つ。5～6小節目のような高速の駆け上がり（6連符）は、ゲームBGMっぽさを感じさせるフレーズの1つなので覚えておこう。

4CH ドラム（ノイズ）

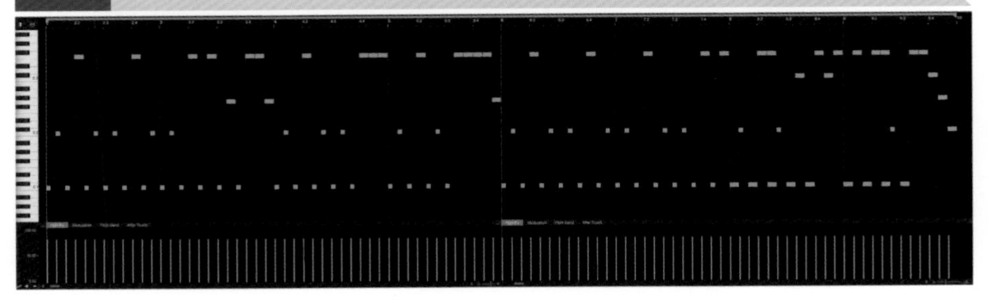

ベースと同じ2拍3連を刻むキックと、2拍4拍のスネアを中心に、ハイハット的な細かな刻みやタム的な動きを入れて、ロックドラムっぽいパターンを作っていった。

SCENE EX

ジングル&SE

DATA

エンディング

ファンファーレ／場面転換

ここから楽曲
データを聴こう

通常の曲よりも演奏時間が短いシンプルな曲を「ジングル」と呼びます。ここでは通常曲に近いものからSE的なものまで3タイプのジングル（SE）を作ります。

ABOUT JINGLE

オープニングをアレンジした ストーリー感ある“エンディング”

オープニング曲の別アレンジ版です。その制作過程を簡単に紹介すると、まず、ジングル用のショート・バージョンとするために曲が展開する後半の4小節分をカットし、更に、落ち着いた雰囲気とするためにテンポを下げると同時にリズム・パートの4chもカットしました。ベースとオブリを演奏していた3chはイメージに合わなくなったため、全面的に作り直して三角波の減衰音でハープ風のアルペジオの演奏に差し替えています。また、後半をカットしたことで中途半端になっている4小節目も修正。終止感の強いコード進行（sus4からのV-I進行）を入れてループせずにしっかり完結させました。

これで元気印のオープニングからしっとりと落ち着いた曲調のエンディングのジングルが完成しました。主要な曲の別アレンジ版をゲームの他の場面で使うことも、ストーリー性を感じさせるBGM作りのポイントの1つと言えますね。

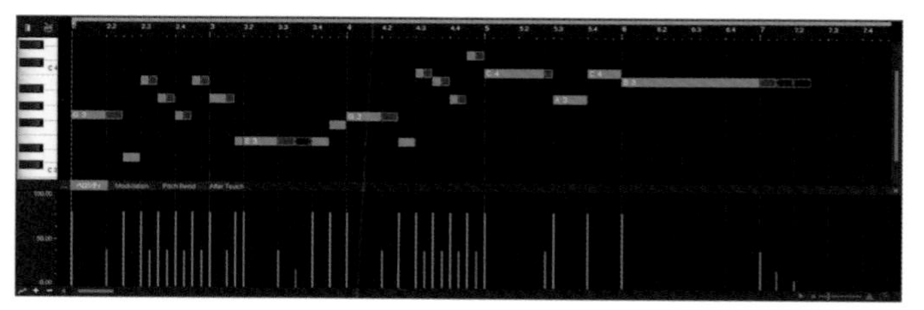

メロディ・パートは後半をカットして前半の4小節分を流用。
実際には3小節目から先は曲を完結させるために別のフレーズに作り変えている。

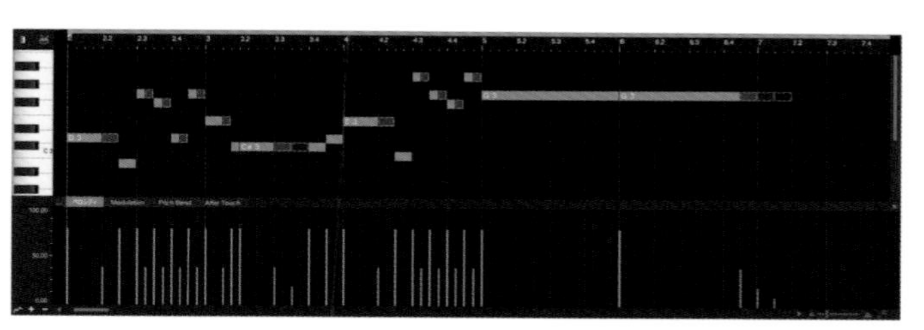

ハモリ・パートも同様に後半のカットと3小節目以降を修正した。
メロと同様に最後に音量を下げながら疑似ディレイを入れて減衰させた。

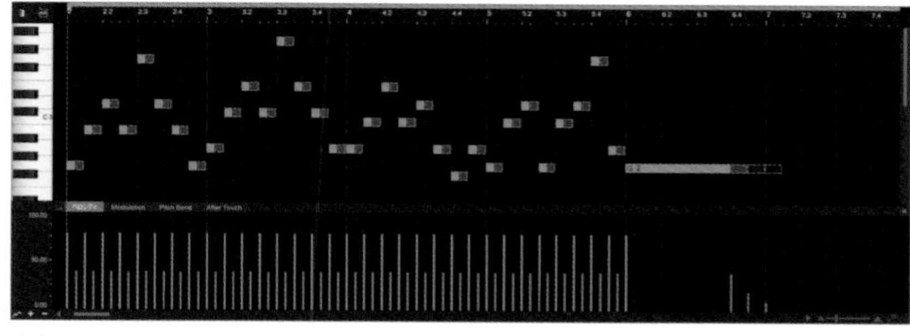

新規に作成したパートは、各小節のコードを8分刻みのアルペジオを演奏している。
実際には、16分音符のノートで疑似ディレイを加えながら打ち込んである

ABOUT JINGLE

金管楽器を使った"勝利のファンファーレ"

次は１小節程度の短いフレーズで構成される典型的なジングルです。ここで作成するファンファーレは、アルペジオ的なパターンから入って最後の音を伸ばして収束させるというのが定番のパターンですね。1UP的なシンプルな場面ならワンコードで、ステージクリア的な節目の場面なら、「IV-V-I」や「VI♭-VII♭-I」のような「I」に向かって上昇するコード進行を基に作るといいでしょう。ここでは後者のパターンを使い、「E♭-F」とアルペジオで上昇して最後の「G」を伸ばすフレーズとしました。

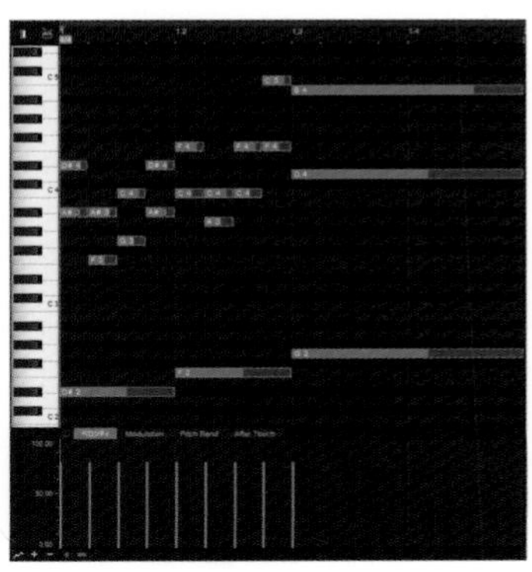

本来ならば１トラックに１声ずつ打ち込むところだが、ここでは簡素化して１つのトラックに３声分を打ち込んでいる。上の上昇するアルペジオの２声分が1chと2chに相当、下の低域で伸ばしてるベースが3ch相当だ。音色は、金管楽器（ブラス）をイメージした硬質な音で演奏している。

ABOUT JINGLE

高速アルペジオで表現する"場面転換"

最後は非常に短いもので、ジングルというよりはSEに含まれるタイプです。例えば、アイテム獲得や場面転換で鳴る「ピロン」や「ピロリロリン」的なサウンドは、高速で駆け上がるアルペジオで作ることができます。このとき、sus4などの4度重ねや5度重ね、augやdim、9thや11th、13thなどのテンションを含むコードなど、クセが強い響きを持ったコードがマッチします。ここでは「Csus4」のコードを2オクターブに渡って駆け上がり、更に、音量を下げながら反復してディレイ効果を加えてみました。

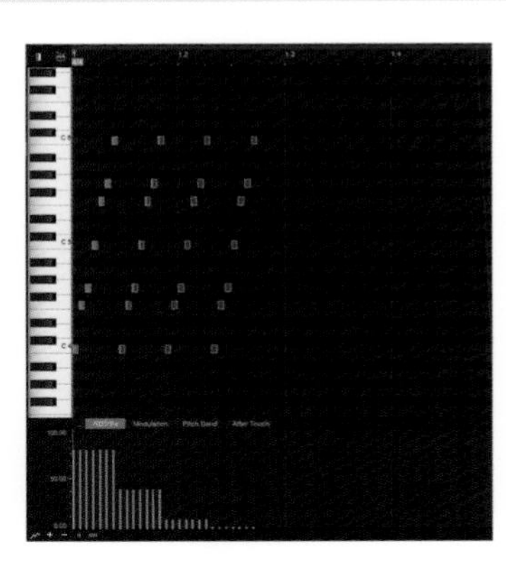

往年のゲーム効果音の定番ともいえる高速アルペジオだ。1つ目の上昇を打ち込んだら、あとはコピペしてベロシティを下げるという操作を繰り返して作っていけばいい。音色は、クリアで歯切れのいいSquを元に素早く減衰させた「コンッ」という音で演奏している。

各パートの音色

エンディング

TRACK	1CH	2CH	3CH	NOISE
PresetFile	PW25	Squ	Tri	---
Attack	0s	2.17ms	0s	---
Decay	0s	74.6ms	2.517s	---
Sustain	0dB	-3.0dB	-1.1dB	---
Release	0s	0s	0s	---

ファンファーレ

TRACK	1CH
PresetFile	PW12
Attack	49.8ms
Decay	153ms
Sustain	-2.3dB
Release	0s

場面転換

TRACK	1CH
PresetFile	Squ
Attack	0s
Decay	2.517s
Sustain	-∞dB
Release	0s

EX MISSION

メドレーを作ろう

DATA

ここから楽曲
データを聴こう

ここまでに作った曲をまとめて
ゲームのストーリーを再現するかのような
メドレーを制作してみましょう。

PART 1

ループ再生の再現と
オーディオ・ファイルのエクスポート

手順1 演奏データを範囲選択して「複製」機能でループ回数分だけコピー

ここまでに打ち込んできた各曲のデータは1ループ分で、Studio Oneのループ機能を使うことで繰り返し再生するようになっています。

そこで、オーディオ・ファイルとしてエクスポートする前にデータをコピーしてループ機能を使わずに繰り返し演奏されるようにしましょう。

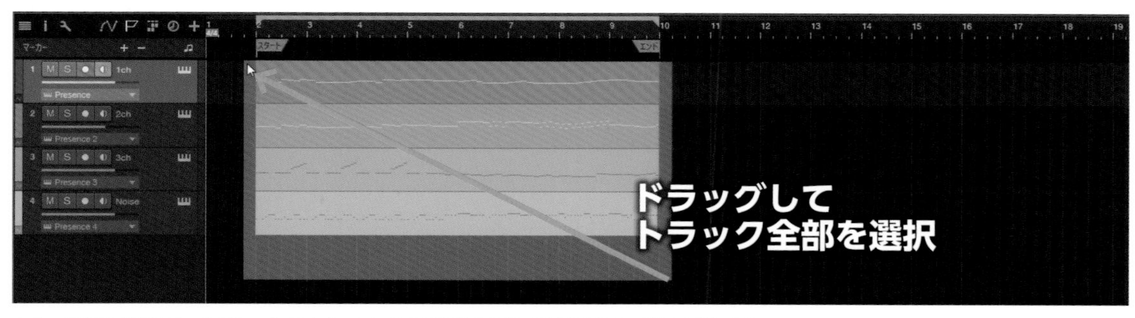

トラックに並ぶ演奏データが入った「イベント」を全部囲むようにマウスでドラッグして選択する。

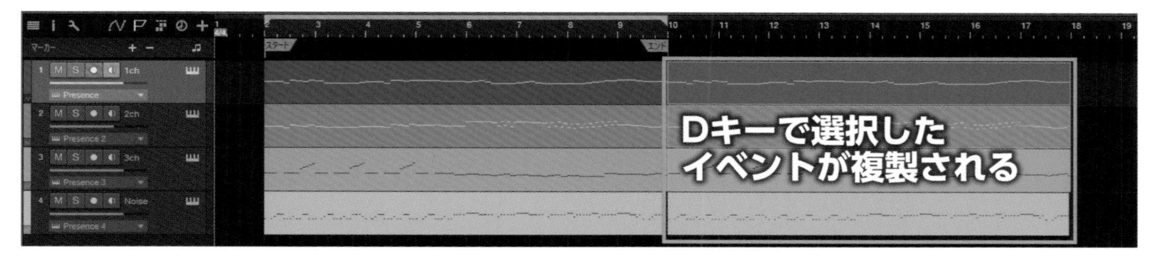

選択された状態でキーボードの「D」キーを押すと、イベントが既存のイベントの後ろにコピーされる。
ループさせたい回数分だけ、Dキーを連打しよう。

手順2　書き出す区間を設定しオーディオファイルとしてエクスポート

ルーラーに表示されているループ区間を利用して、書き出す始点と終点を設定する。ループ区間が表示されていない場合は、ルーラーの上段にマウスを合わせてカーソルがペン型になった状態で始点から終点に向かってドラッグしよう。

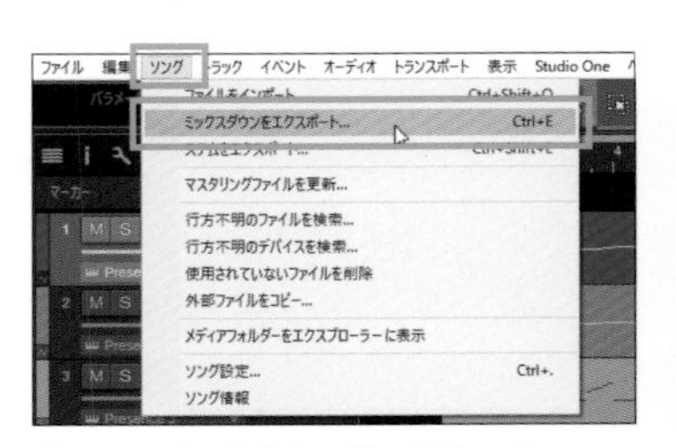

メニューバーの「ソング」の項目から「ミックスをエクスポート」をクリックすると、エクスポートの設定を行なう画面が開く。

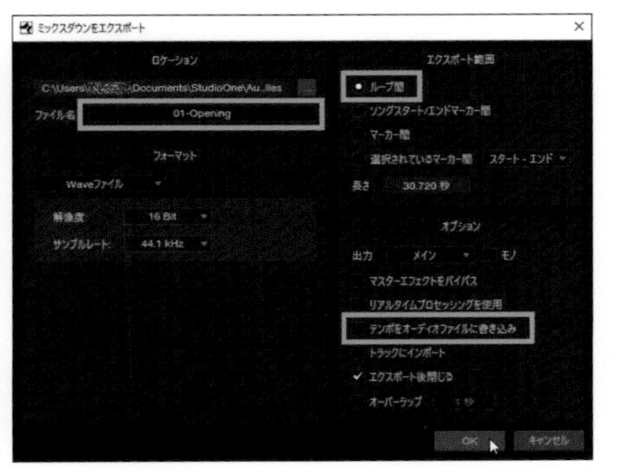

設定画面では、左上のロケーションの項目でファイル名に曲名を入力したら、右上のエクスポートの項目で「ループ区間」が選択されていることを確認し、下段のオプションの項目で「テンポをオーディオファイルに書き込む」のチェックを外してからOKボタンをクリックしよう。オーディオ・ファイルの書き出しが終わると、保存先のフォルダが開いてファイルの確認ができる。

通常は、ソング・ファイル（曲データ）が保存されているフォルダの中に「Mixdown」フォルダが作成され、その中にオーディオ・ファイルが保存されます。この場合、各シーンの曲のオーディオ・ファイルがバラバラの場所に保存されてしまうので、エクスポートの前にロケーションの項目で保存先を決めておくといいでしょう。以後、同じ要領で他の曲もエクスポートします。その際、ジングルとＳＥについてはループ再生の必要がないのでイベントの選択＆Ｄキー連打の工程は不要です。

PART 2

新規ソングの作成と各曲のオーディオ・ファイルのインポート

オーディオ・ファイルの準備が終わったら、曲データの打ち込みと同じ要領で、ファイルメニューから新規作成を選んで新しいソングを作成します。そして、オーディオ・トラックに各曲のオーディオ・ファイルを読み込み、繋げていけばメドレーは完成です。

手順1　新規ソングの作成

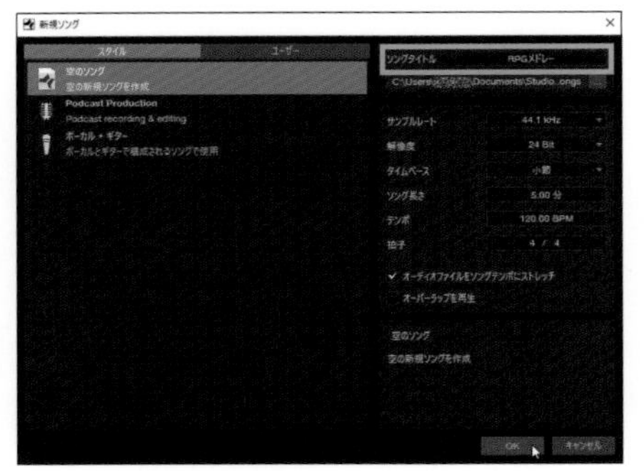

開いた新規ソング作成画面では、スタイルとして「空のソング」を選択し、右上のソングタイトルに「RPGメドレー」などソング名を入力したらOKボタンをクリックしよう。

手順2 オーディオトラックに各曲のオーディオファイルを読み込む

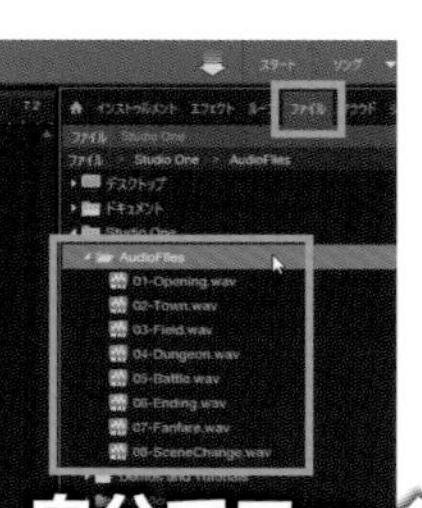

画面右側のブラウザ画面のタブから「ファイル」を選択すると、パソコン内のドライブやフォルダを開く画面に切り替わる。ここから先ほどオーディオファイルを保存しておいたフォルダを見つけて開く。

１曲づつドラッグ＆ドロップしてトラックに読み込ませてもいいが、ブラウザ上で全曲のオーディオ・ファイルを選択した状態でドラッグ＆ドロップすれば、一気にトラックの作成と読み込みを済ませられる。

手順3 各曲の長さを調整しながら順番に並べていく

読み込み直後は全ての曲が先頭から始まっている状態なので、ここから各曲のイベントを移動して順番に演奏されるように並べていく。

青く点灯しているアイコンをクリックして消灯させると、トラックのスナップ機能がOFFになる。これで自由なタイミングで編集できる。

各イベントの終端をドラッグすると再生時間（長さ）を変更できる。トラックのソロボタンをONにして調整したい曲だけ再生しながら程よい長さになるようイベントを短縮しよう。このとき、フレーズや小節単位ではなく、拍やビート単位で中途半端なところで再生が中断されるようにするとゲームの場面が転換した雰囲気が出せる

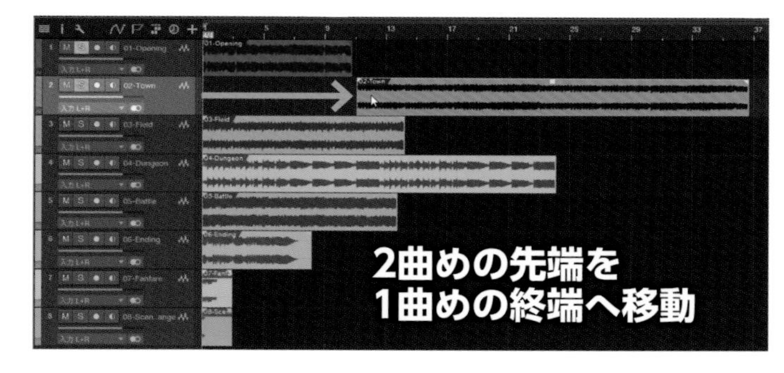

そして、次の曲のイベントを先の曲の後ろへと移動させる。各曲をピタッとつなげるのではなく、少しだけ間を開けた方がいいだろう。ここでも曲が変わる手前から再生して、耳で音を確認しながらイベントの位置を微調整するといい

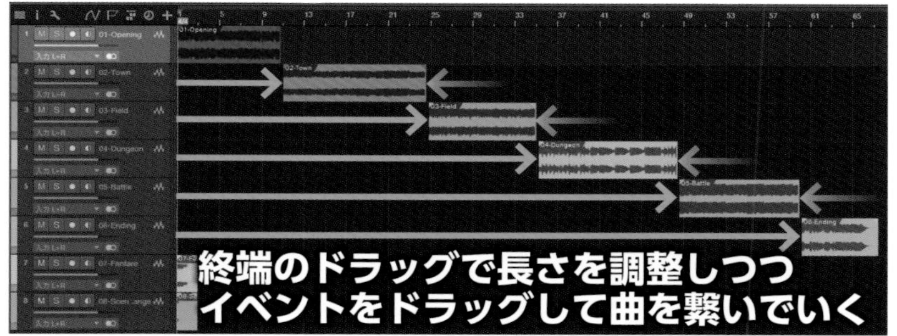

同じようにイベントの長さの調整と移動を繰り返しながらオープニングからエンディングまでの曲をザックリと並べた状態だ

手順4　場面転換とファンファーレ、エンディングのジングルを配置

場面転換の効果音は「オープニング中にSTARTボタンを押してゲーム開始」というシーンと「ダンジョンを探索中にモンスターと遭遇、バトルへ移行」というシーンの2か所の演出に使用。

ファンファーレは、「死闘の末、モンスターに勝利」という場面の演出に使ってみました。

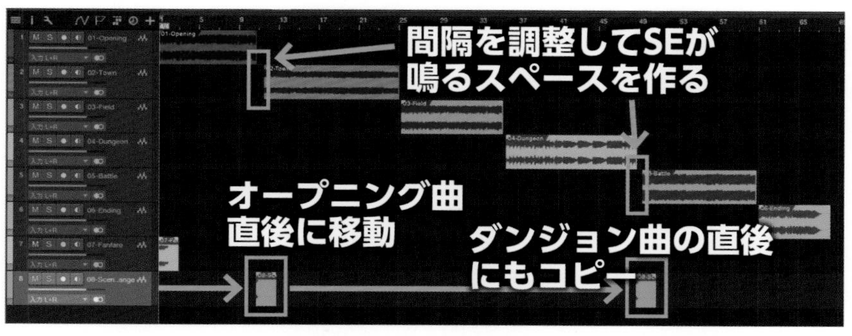

場面転換は、オープニングの曲が終わったタイミングに移動。効果音が鳴り終わったところで街の曲が始まるように、以降のイベントも含めて全体を後ろへとズラしていく。続いて、ALTキーを押しながらドラッグするとイベントのコピーが作れるので、ダンジョンの曲を断ち切った直後に場面転換のイベントをコピーし、先ほどと同様に続いてバトルの曲が鳴るよう以降のイベントの位置を再調整する。

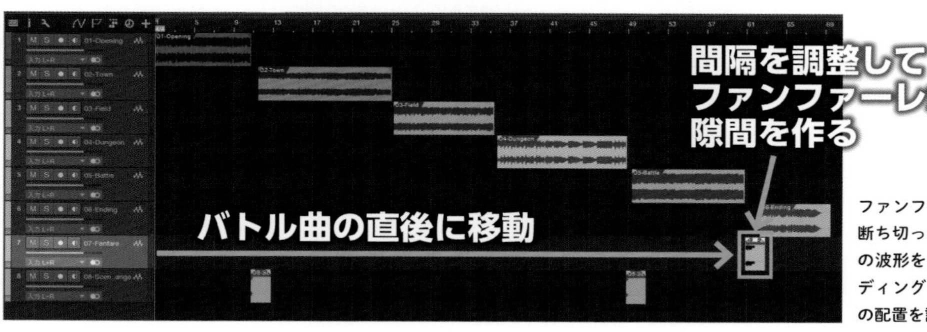

ファンファーレは、バトルの曲を断ち切った直後にファンファーレの波形を移動した。その後、エンディングへと繋がるようイベントの配置を調整すれば完了だ。

PART 3

更なる演出のためのアイデアと完成したメドレーのエクスポート

更にゲームっぽさを追求するならば、Stage03で紹介した各種ゲームの効果音から似合いそうなものを選んでオーディオ・ファイルとしてエクスポートし、追加したオーディオ・トラックに並べれば、BGMだけでなくSEも含めたゲームのシーンを再現することも可能です。

例えば、街のシーンでは「サスペンス」で作ったノベルゲームっぽいSEで街人との会話を表現してみたり、フィールドやダンジョンでは「RPGフィールド」で作った足音を入れてみたり、バトルでは「RPGバトル」で作った攻撃音や経験値獲得の音を入れてみるとゲームをプレイしているような臨場感が表現できるでしょう。他のゲーム用に作ったSEについてもイメージを膨らませていけば、モンスターに遭遇、メニューによる武器／魔法の選択、アイテムゲット、モンスター退治や障害物の破壊などのシーンをイメージした演出に応用できると思います。

そして、オープニングからエンディングまでのメドレーが完成したら、各シーンの曲の書き出しと同じ要領でオーディオ・ファイルにエクスポートしておけば、いつでも自分で作った仮想のゲーム世界をサウンドで体験することができます。

PROFILE

平沢 栄司（Eiji Hirasawa）

1968年 東京生まれ。学生の頃より音楽雑誌にて宅録や打ち込みのHowTo記事、製品レビューなどの執筆を開始。並行してシンセサイザーの音色データや通信カラオケのデータ制作、楽器メーカーのデモンストレーター、ドラマCDのBGM制作と声優への楽曲提供、「初音ミク」など音楽ソフトの公式デモソングの制作、携帯電話のプリセット着信音や着信音サイトのコンテンツ制作など活動の場を広げていった。ゲーム・ミュージックにおいては、ゲームボーイアドバンスで発売された「スーパーロボット大戦D」を始め、スーパーファミコン、プレイステーション、セガサターン、パソコンやオンラインゲームのサウンド制作に従事。また、ゲーム専門学校にてサウンド・メイキングに関する講師も勤めた。

名作の技から学ぶ ゲームミュージック作曲テクニック

名作の技から学ぶ
ゲームミュージック作曲テクニック

2020年９月25日　初版第１刷発行

著　平沢栄司

発行者　長瀬 聡
発行所　グラフィック社
〒102-0073
東京都千代田区九段北1-14-17
tel.03-3263-4318（代表）　03-3263-4579（編集）
fax.03-3263-5297
郵便振替　00130-6-114345
http://www.graphicsha.co.jp/
印刷・製本　図書印刷株式会社

企画　坂本章
編集・デザイン　上林将司（TITANHEADS）

ISBN978-4-7661-3473-5 C2073
Printed in Japan